# Contents

12
dodici
13
tredici
14
quattordici
11
undici
15
quindici
i numeri 11 - 20
20
venti
16
sedici
19
diciannove
18
diciotto
17
diciassette

# il bruco (the caterpillar)

Inserisci i numeri mancanti: (Fill in the missing numbers:)

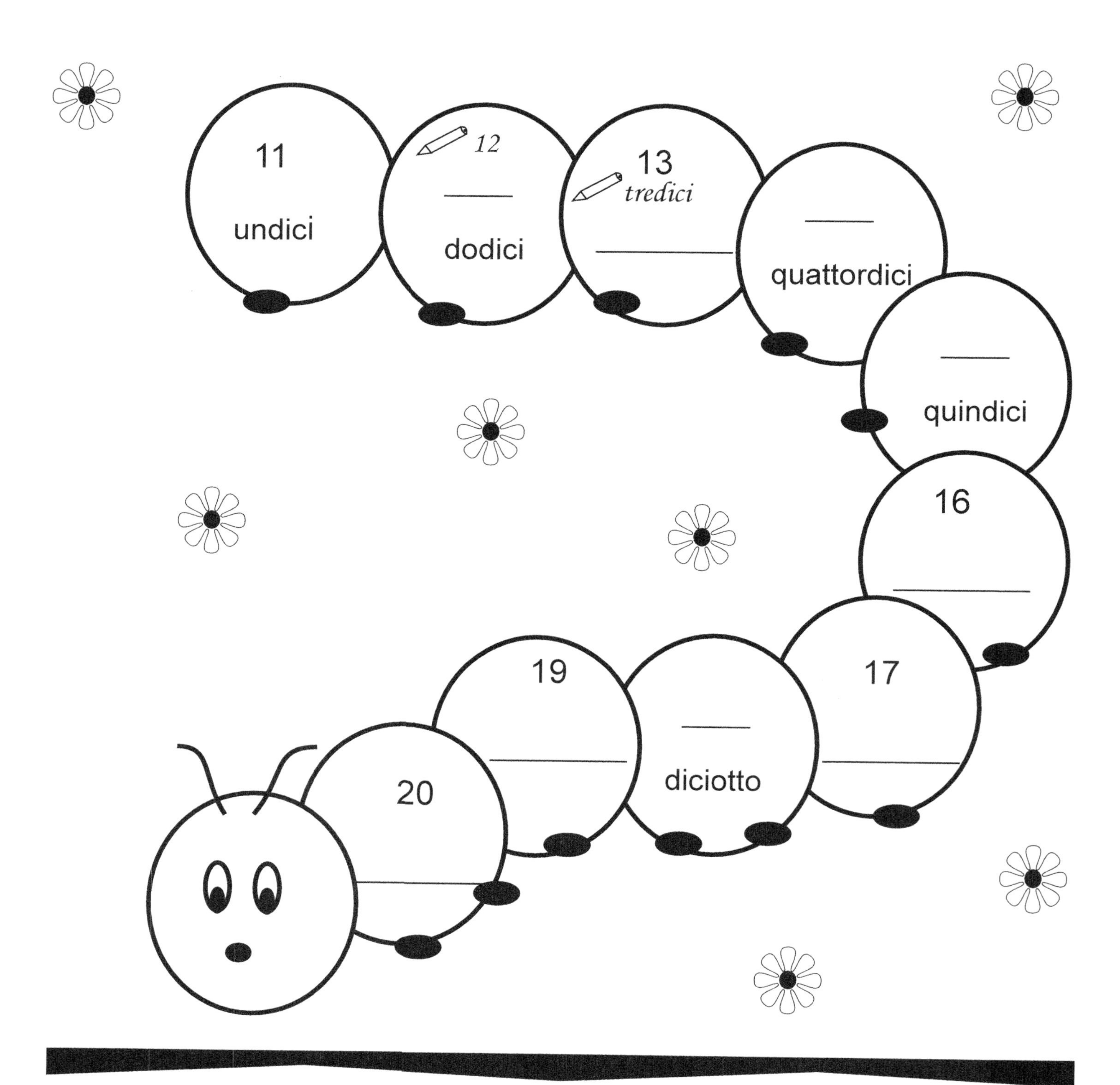


| 11 | 12 | 13 | 14 | 15 | 16 | 17 | 18 | 19 | 20 |
|---|---|---|---|---|---|---|---|---|---|
| undici | dodici | tredici | quattordici | quindici | sedici | diciassette | diciotto | diciannove | venti |

# Che numero è? (What number is it?)

1) Abbina la parola italiana con la parola inglese:
(Match the Italian word with the English word:)

**11 12 13 14 15 16**

quindici tredici sedici quattordici dodici undici

2) Copia i numeri e le parole in italiano:
(Copy the numbers and the words in Italian:)

diciassette

*diciassette*

diciotto

diciannove

venti

# i numeri 11 - 20 (numbers 11 - 20)

## 1) Quanti ce ne sono? (How many are there?)

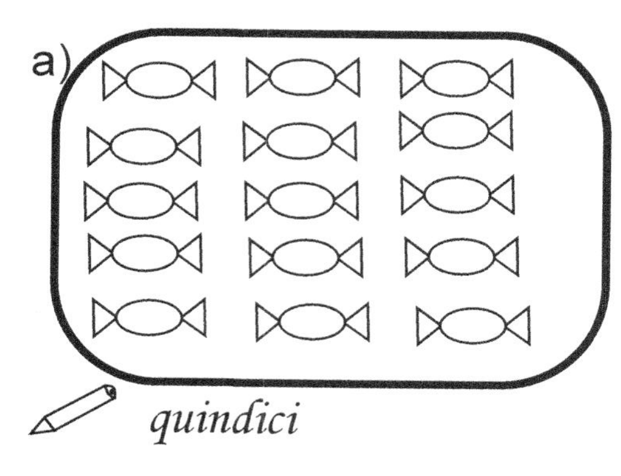


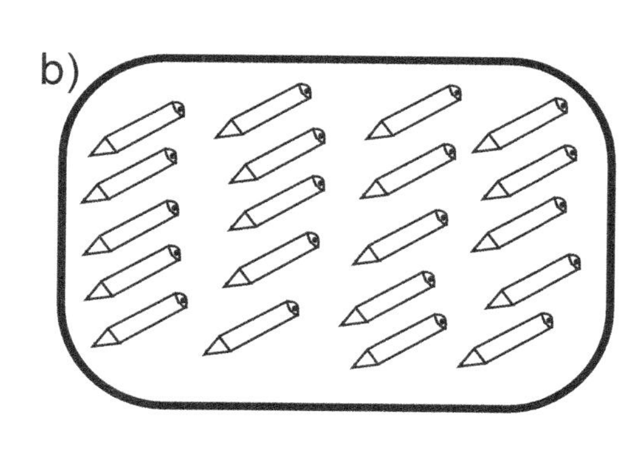


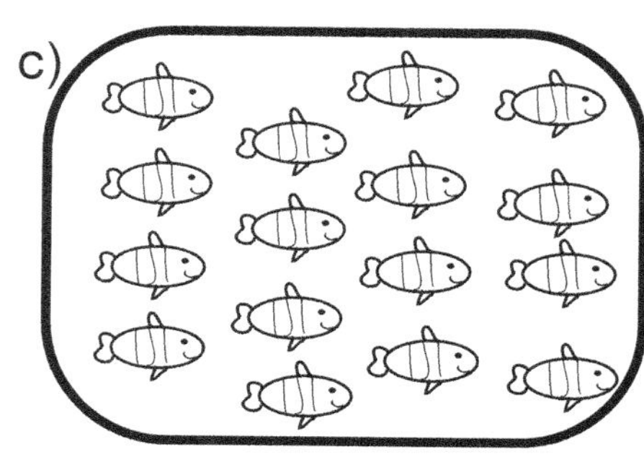

## 2) Riordina le lettere per trovare i numeri:

(Reorder the letters to find the numbers:)

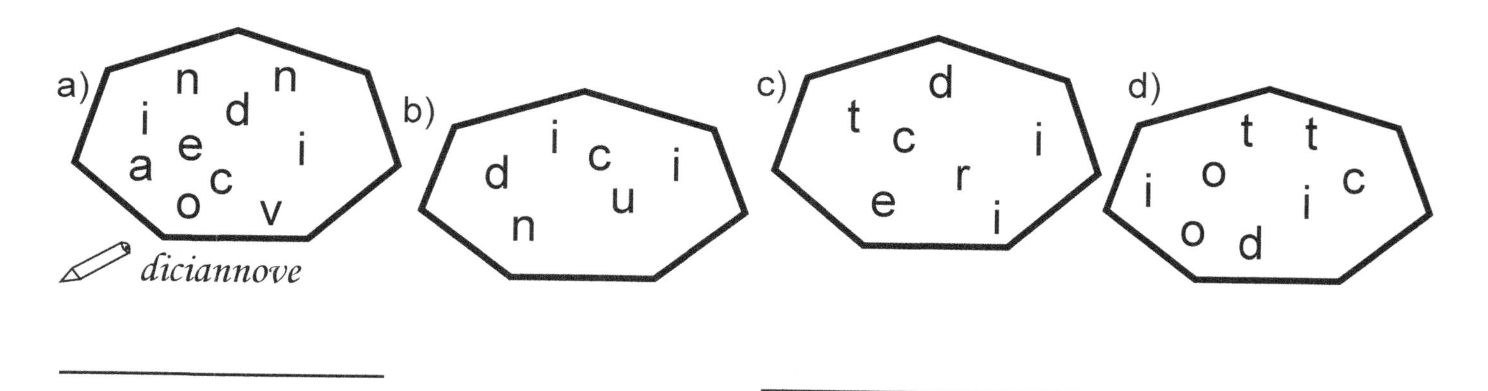


| 11 | 12 | 13 | 14 | 15 | 16 | 17 | 18 | 19 | 20 |
|---|---|---|---|---|---|---|---|---|---|
| undici | dodici | tredici | quattordici | quindici | sedici | diciassette | diciotto | diciannove | venti |

# i numeri 11 - 20

| | | | | | | | | | | | | | | |
|---|---|---|---|---|---|---|---|---|---|---|---|---|---|---|
| D | I | C | I | A | S | S | E | T | T | E | P | J | M | D |
| H | Q | U | A | T | T | O | R | D | I | C | I | H | U | I |
| D | K | S | U | H | J | I | C | F | D | I | S | D | F | C |
| O | I | H | F | O | C | O | I | R | C | J | G | I | E | I |
| D | F | P | I | I | B | C | G | I | S | I | N | C | U | A |
| I | M | K | D | J | I | G | D | F | C | U | I | I | R | N |
| C | H | N | I | D | R | N | O | E | R | T | C | O | V | N |
| I | U | P | E | O | I | S | D | F | N | B | F | T | Q | O |
| K | F | R | K | U | J | E | Z | E | S | C | S | T | C | V |
| G | T | Z | Q | K | S | I | V | R | O | G | U | O | S | E |

Trova queste parole: (Find these words:)

UNDICI
DODICI
TREDICI
QUATTORDICI
QUINDICI
SEDICI
DICIASSETTE
DICIOTTO
DICIANNOVE
VENTI

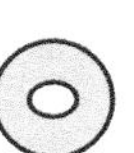
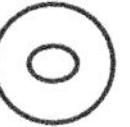

il rugby
la pallacanestro
il calcio
il nuoto
Lo sport
il tennis
il ping-pong
il mini-golf
il volano

# Lo sport

Scrivi il nome dello sport in italiano.
(Write the name of the sport in Italian.)

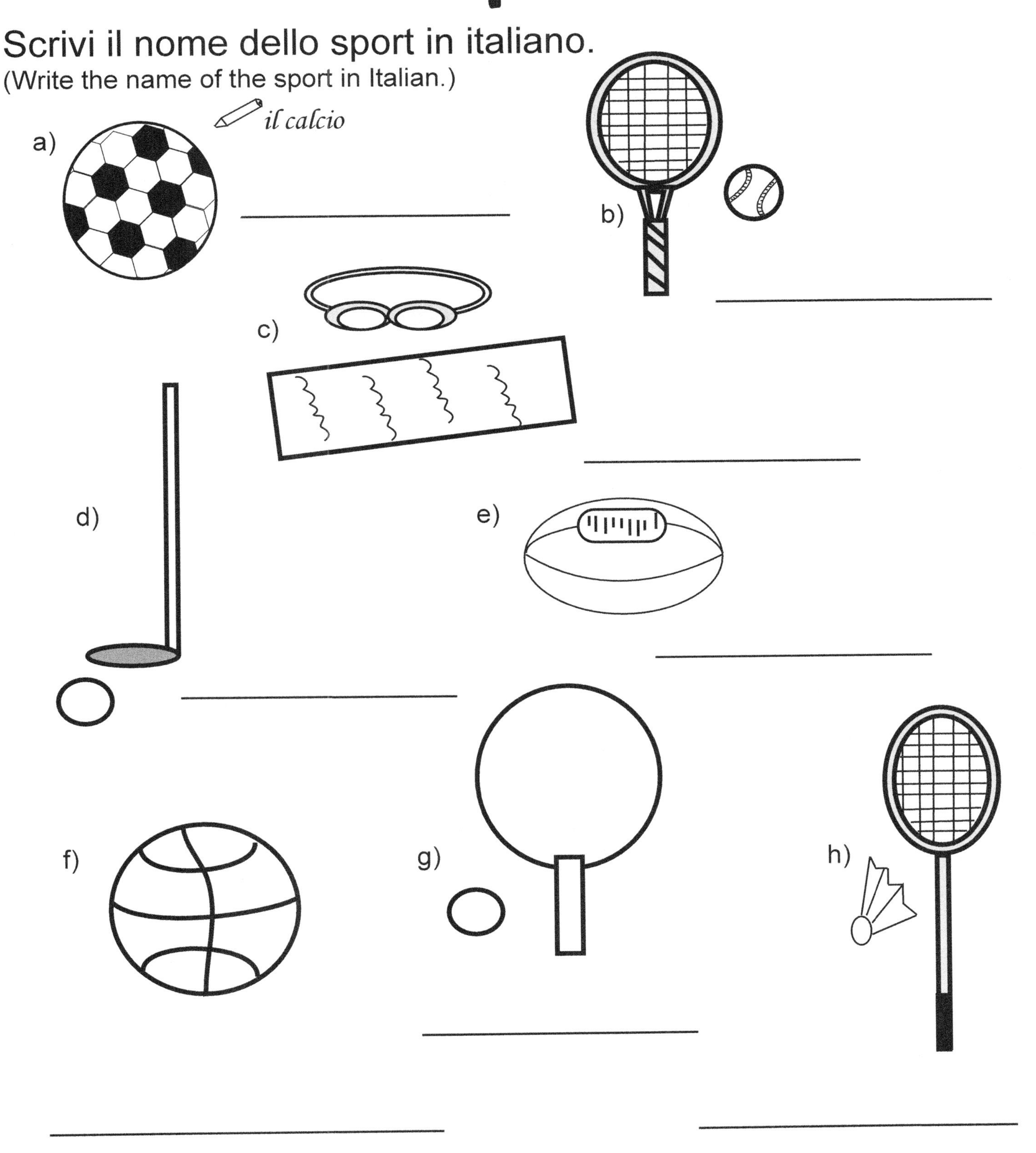


| il volano | il nuoto | il ping-pong | il rugby |
|---|---|---|---|
| la pallacanestro | il calcio | il mini-golf | il tennis |

# Che sport è? (What sport is it?)

Guarda i disegni. Scrivi lo sport in italiano.
(Look at the pictures. Write the sport in Italian.)

1)
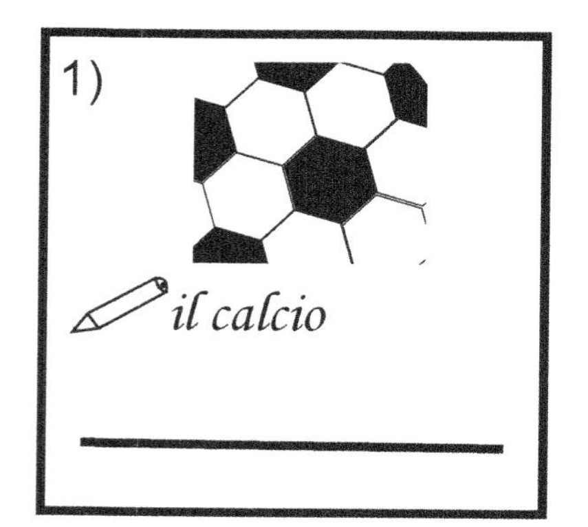


2)
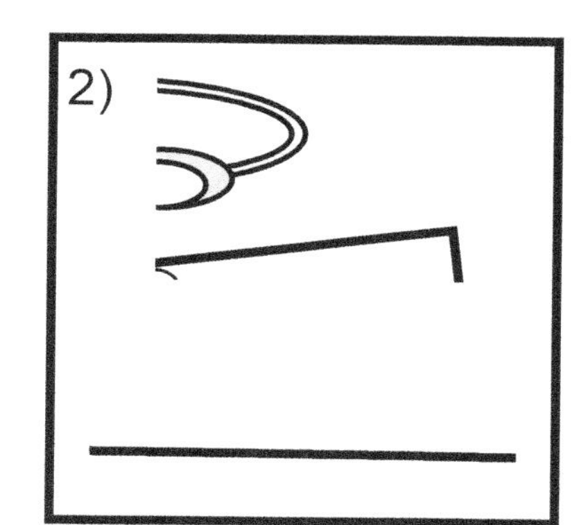

3)
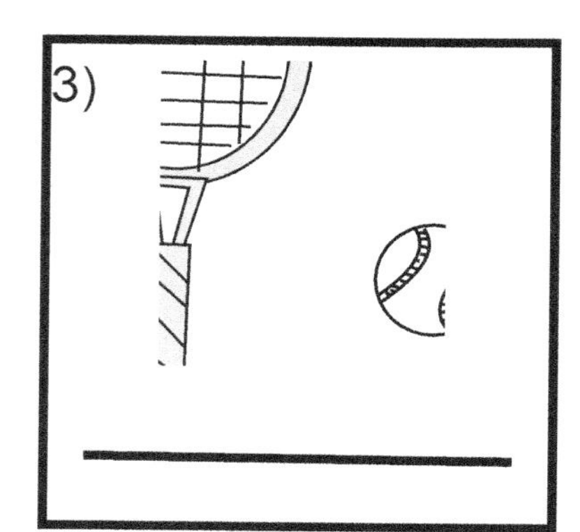

4)
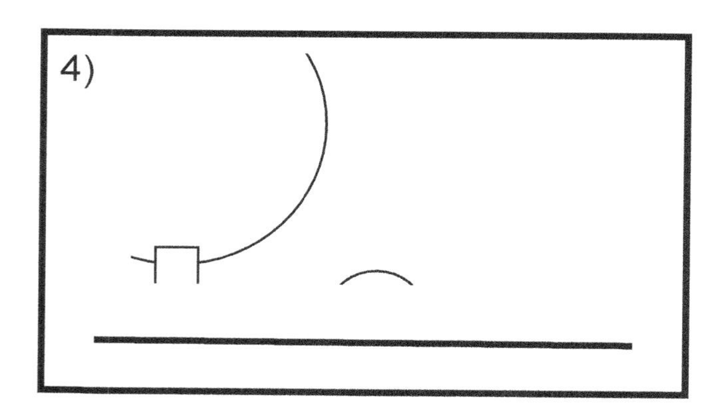

5)
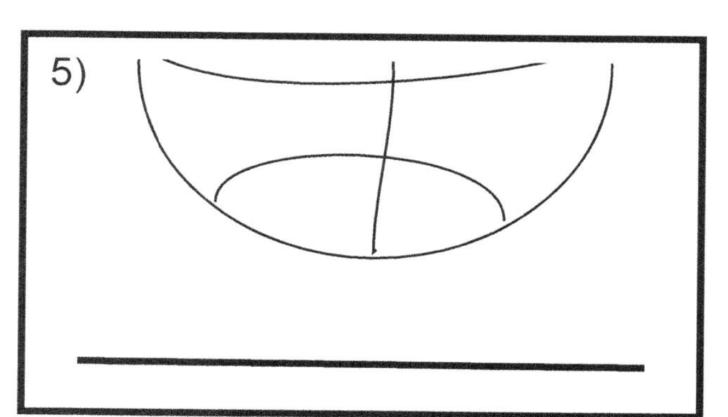

6)
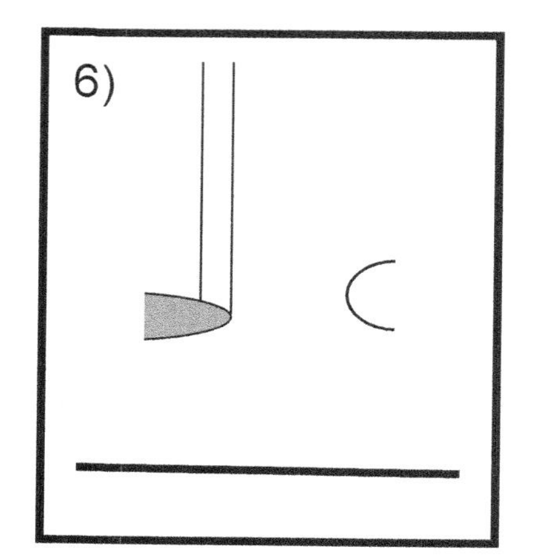

7)
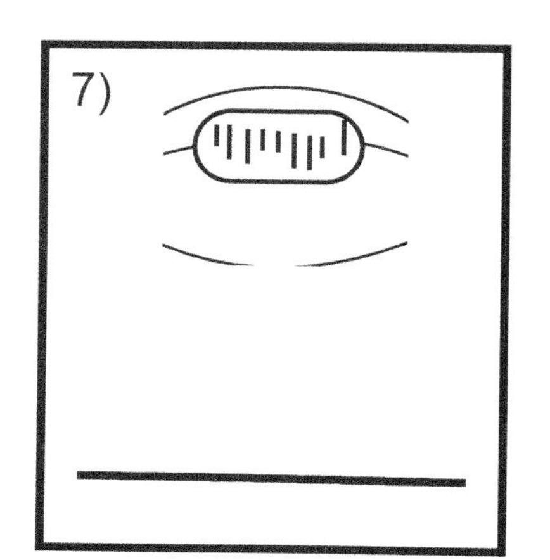

8)
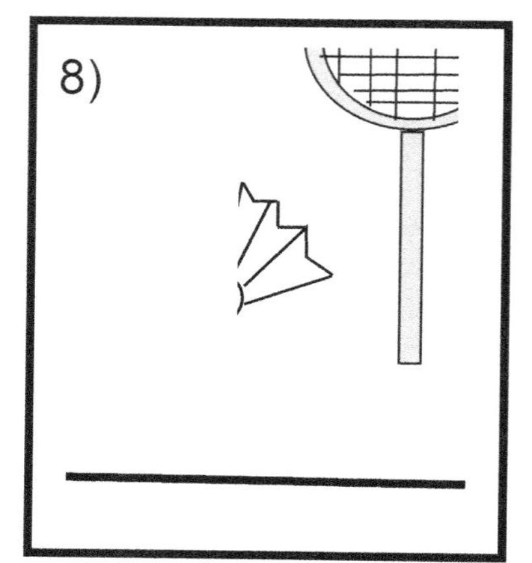

| | | | |
|---|---|---|---|
| il volano | il nuoto | il ping-pong | il rugby |
| la pallacanestro | il calcio | il mini-golf | il tennis |

# Cosa piace ad Anna? (What does Anna like?)

| Mi piace = I like |
|---|

| Non mi piace = I don't like |
|---|

Anna ha scritto alcune frasi. Guarda i desegni. Sono corrette? Scrivi **sì** o **no**. (Anna has written some sentences. Look at the pictures. Are they correct? Write **sì** (yes) or **no** (no).)

1) Mi piace il calcio. *sì*
2) Non mi piace il mini-golf. ____________
3) Mi piace il rugby. ____________
4) Mi piace il tennis. ____________
5) Mi piace il nuoto. ____________
6) Mi piace il ping-pong. ____________
7) Mi piace la pallacanestro. ____________
8) Non mi piace il volano. ____________

# Mi piace lo sport! (I like sport)

Dì quali sport ti piacciono e quali no, inizia ogni frase con:
(Say which sports you like or dislike, and start each sentence with either:)

 Mi piace ....  Non mi piace ....

1) Ti piace il tennis? (Do you like tennis?)
*Mi piace il tennis.* / *Non mi piace il tennis.*

2) Ti piace il nuoto? (Do you like swimming?)
*Mi piace il nuoto.* / *Non mi piace il nuoto.*

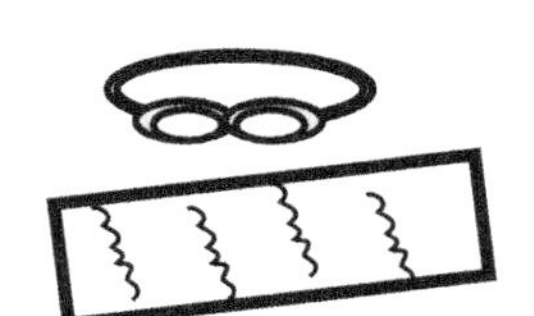

3) Ti piace il calcio? (Do you like football?)

4) Ti piace il rugby?

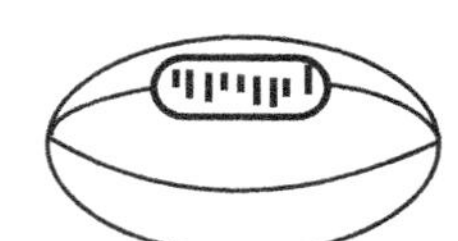

5) Ti piace il ping-pong?

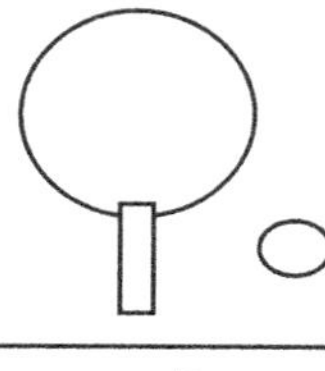

6) Ti piace il mini-golf?

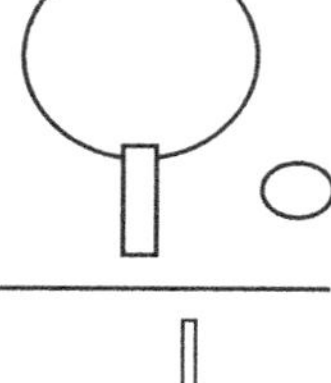

7) Ti piace la pallacanestro?

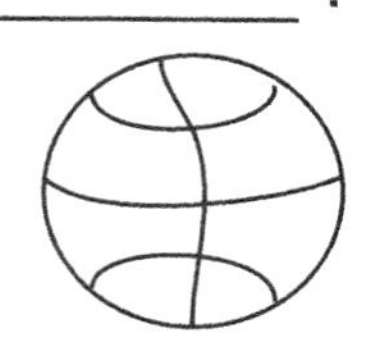

# i giorni della settimana

(the days of the week)

## In che giorno Roberto fa i vari sport?

(What day does Roberto do the different sports?)

| | |
|---|---|
| Lunedì ........ | Monday |
| Martedì ....... | Tuesday |
| Mercoledì .... | Wednesday |
| Giovedì ....... | Thursday |
| Venerdì ....... | Friday |
| Sabato ........ | Saturday |
| Domenica .... | Sunday |
| gioco........... | I play |
| faccio........... | I do |

## Leggi le frasi: (Read the sentences:)

Lunedì gioco a tennis.

Martedì gioco a calcio.

Mercoledì faccio nuoto.

Giovedì gioco a rugby.

Venerdì gioco a pingpong.

Sabato gioco a mini-golf.

Domenica gioco a pallacanestro.

## Scrivi in inglese il giorno per...... (Write in English the day for....)

1) 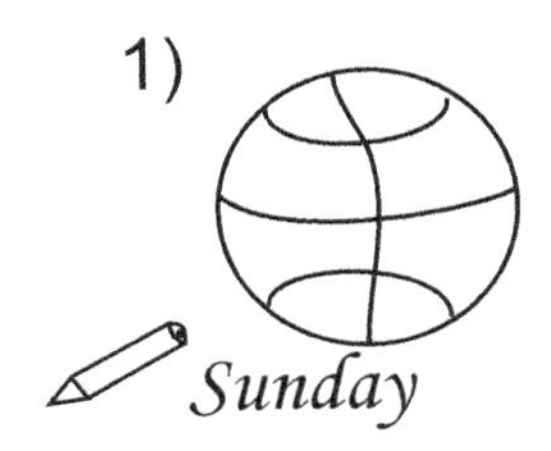


______________

2) 

______________

3) 

______________

4) 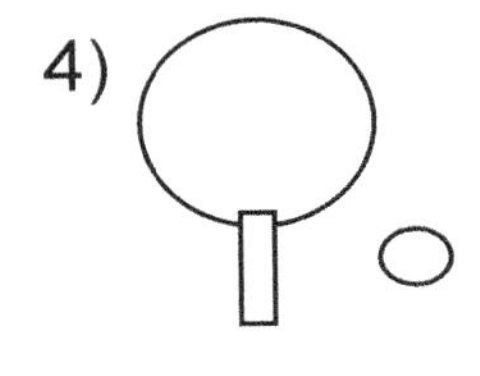

______________

5) 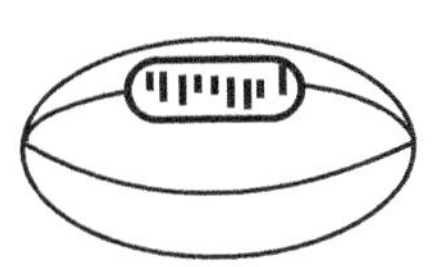

______________

6) 

______________

7) 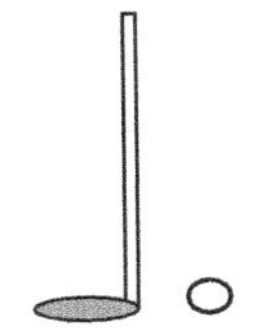

______________

# Che giorno è? (What day is it?)

Abbina la parola italiana con la parola inglese:
(Match the Italian word with the English word:)

In Italian, the days only need a capital letter at the start of a sentence.

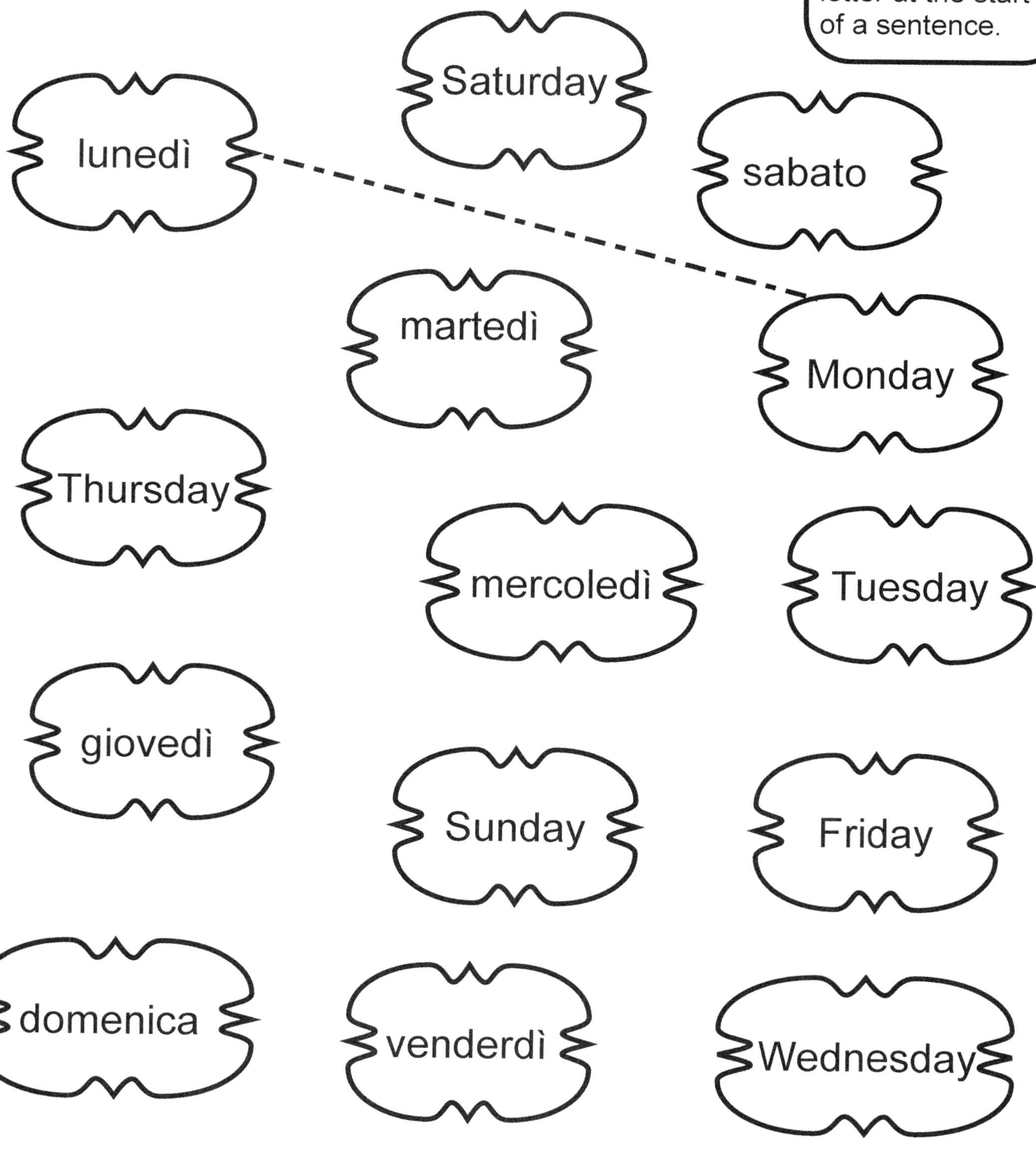


lunedì = Monday martedì = Tuesday mercoledì = Wednesday
giovedì = Thursday venerdì = Friday sabato = Saturday domenica = Sunday

# Lo sport

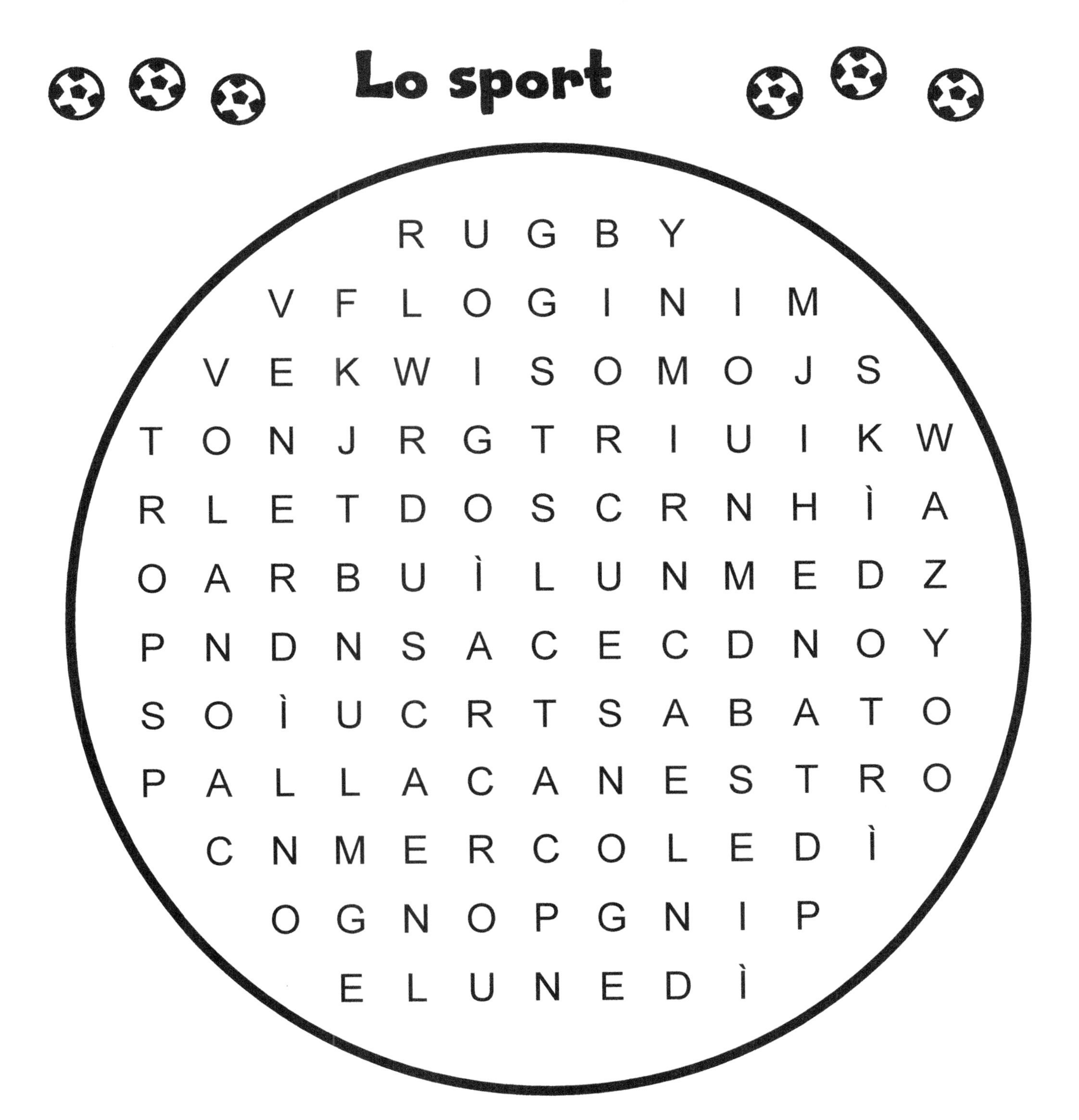


Trova queste parole: (Find these words:)

| | | | |
|---|---|---|---|
| PALLACANESTRO | NUOTO | LUNEDÌ | SPORT |
| MINIGOLF | CALCIO | MERCOLEDÌ | |
| PINGPONG | TENNIS | VENERDÌ | |
| VOLANO | RUGBY | SABATO | |

la mela
la banana
la pera
l'arancia
la fragola
La frutta
il melone
il limone

# La frutta (Fruit)

Scrivi in italiano le parole corrette sotto i disegni:
( Write the correct Italian word under each picture:)

1)

*il melone*

______________________

2)

______________________

3)

______________________

4)

______________________

5)

______________________

6)

______________________

7)

______________________

la pera

la banana

la mela

la fragola

il limone

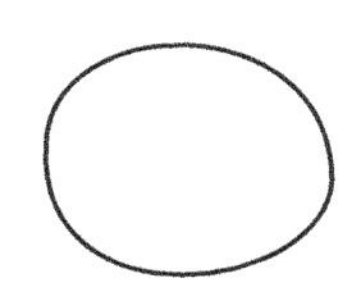

il melone

l'arancia

# Quale frutta vogliono? (Which fruit do they want?)

Segui le linee. Scrivi quale frutta vogliono:
(Follow the lines. Write which fruit they want:)

*il limone*

a) ________________________

b) ________________________

c) ________________________

d) ________________________

e) ________________________

f) ________________________

la banana
la mela
la fragola
la pera
l'arancia
il limone

# Quanti ce ne sono? (How many are there?)

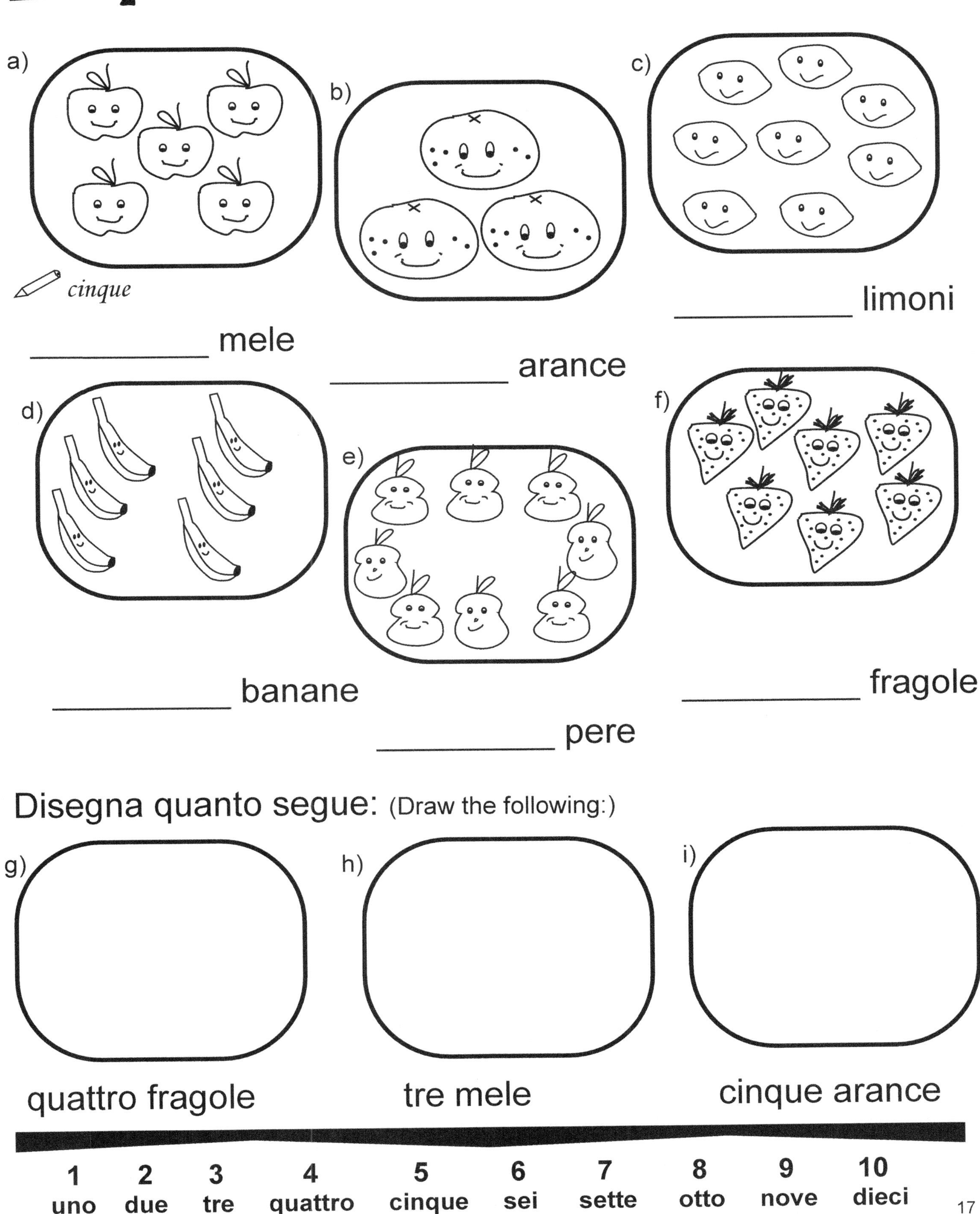

# Al mercato (At the market)

Abbina la frase italiana con il disegno.
(Match the Italian phrase with the picture.)

| un chilo = 1 kg | due chili = 2 kg | mezzo chilo = ½ kg |
|---|---|---|

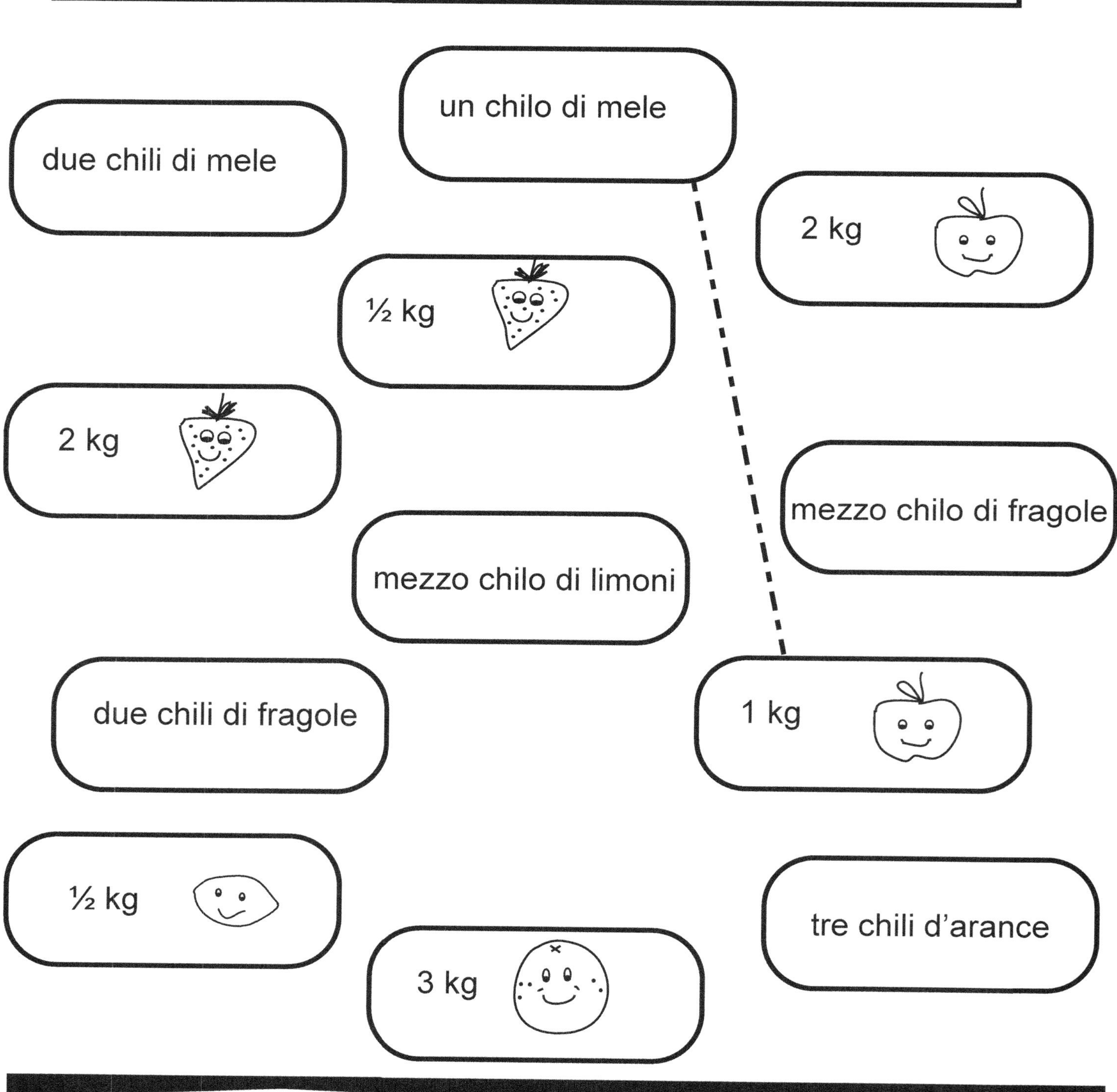

fragole

mele

limoni

arance

# Comprando frutta (Buying fruit)

## Leggi la conversazione. (Read the conversation)

**Quant'è?**

(How much is it for everything?)

| | |
|---|---|
| Cliente: | Buon giorno! |
| Commesso: | Buon giorno! Cosa desidera? |
| Cliente: | Un chilo di mele, per favore. |
| Commesso: | Cos'altro? |
| Cliente: | Mezzo chilo di fragole, per favore. |
| Commesso: | Cos'altro? |
| Cliente: | Quattro chili di arance, per favore. |
| Commesso: | Quattro chili? |
| Cliente: | Sì, per favore. E per finire un chilo di pere. Quant'è? |
| Commesso: | Undici euro |
| Cliente: | Grazie. Arrivederci! |
| Commesso: | Arrivederci! |

## Rispondi alle domande: (Answer the questions:)

1) What does the customer buy one kilo of? *apples*

2) What quantity of strawberries does the customer buy? ________________

3) What does the customer buy four kilos of? ________________

4) What else does the customer buy? ________________

5) How much does it all cost? ________________

cliente - customer commesso - assistant Buon giorno - Good day 10 - dieci

Cosa desidera? - What do you want? Cos'altro? - anything else? 11 - undici

sì - yes per favore - please grazie - thank you Arrivederci - Goodbye 12 - dodici

# Ti piace la frutta? (Do you like fruit?)

## Leggi le lettere e rispondi alle domande.

(Read the letter and reply to the questions.)

Ciao!

Ti piace la frutta? Mi piacciono le fragole.

Non mi piacciono le arance.

Ciao!

Maria

---

Ciao!

Mi piacciono le pere e le mele.

Non mi piacciono le banane.

Ciao!

Antonio

---

Ciao!

Mi piacciono le banane.

No mi piacciono le pere.

Ciao!

Marco

---

1) Who likes pears and apples? *Antonio*

2) Who likes strawberries ______

3) What fruit does Marco like? ______

4) What fruit does Antonio not like? ______

5) Who does not like pears? ______

6) What fruit does Maria not like? ______

When you say if you like fruit you talk about fruit in the plural (More than one).

So the sentences start with either:

Mi piacciono<br>(I like)<br>or<br>Non mi piacciono<br>(I don't like)

# La frutta

Trova queste parole: (Find these words:)

| | | |
|---|---|---|
| FRAGOLA | BANANA | MELA |
| LIMONE | MELONE | FRUTTA |
| ARANCIA | PERA | CHILO |

la gonna
la maglietta
il cappotto
il maglione
il vestito
i vestiti
i jeans
i calzoncini
i pantaloni

# i vestiti (clothes)

Scrivi in italiano le parole corrette sotto i disegni:
(Write the correct Italian word under each picture:)

| la maglietta | la gonna | i pantaloni | i jeans |
|---|---|---|---|
| i calzoncini | il maglione | il cappotto | il vestito |

1) 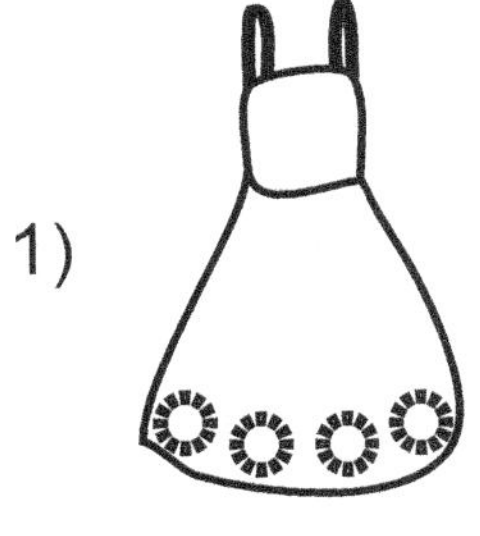

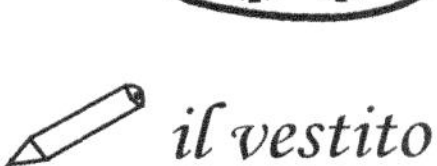


2) 

3) 

4) 

5) 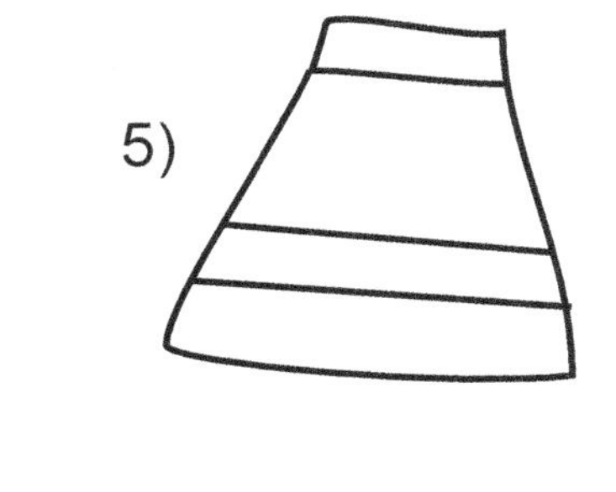

6) 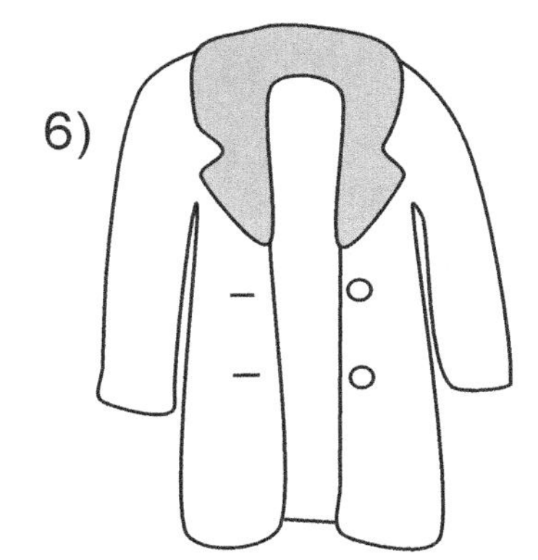

7) 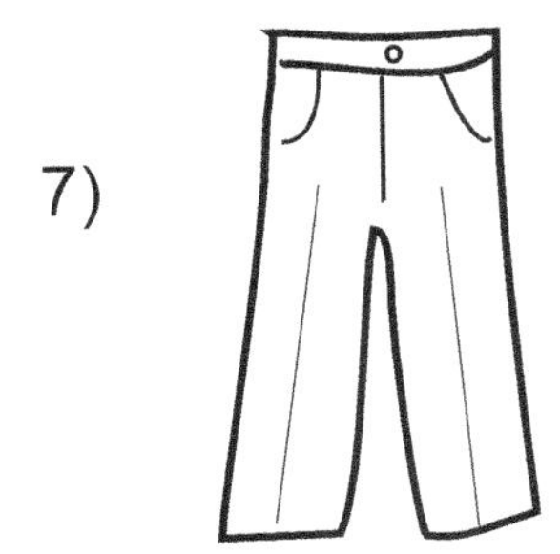

8) 

# Quanto costano i vestiti?

(How much are the clothes?)

costa .......It costs

costano....they cost

## Abbina gli abiti con il prezzo corretto:

(Match the clothes with the correct price:)

| | |
|---|---|
| La maglietta | costano venti euro |
| La gonna | costa undici euro |
| Il maglione | costano diciannove euro |
| Il cappotto | costa dodici euro |
| Il vestito | costano tredici euro |
| I jeans | costa sedici euro |
| I pantaloni | costa quattordici euro |
| I calzoncini | costa diciotto euro |

| 11 | 12 | 13 | 14 | 15 | 16 | 17 | 18 | 19 | 20 |
|---|---|---|---|---|---|---|---|---|---|
| undici | dodici | tredici | quattordici | quindici | sedici | diciassette | diciotto | diciannove | venti |

# Che colori sono i vestiti?

(What colour are the clothes?)

rosso ........red
giallo........ yellow
bianco ...... white
nero......... black
verde ....... green
blu ........... blue
porpora..... purple
rosa.......... pink
marrone ... brown
grigio ....... grey
arancione...orange

## Colora i vestiti usando i colori corretti:

(Colour the clothes using the correct colours:)

a)

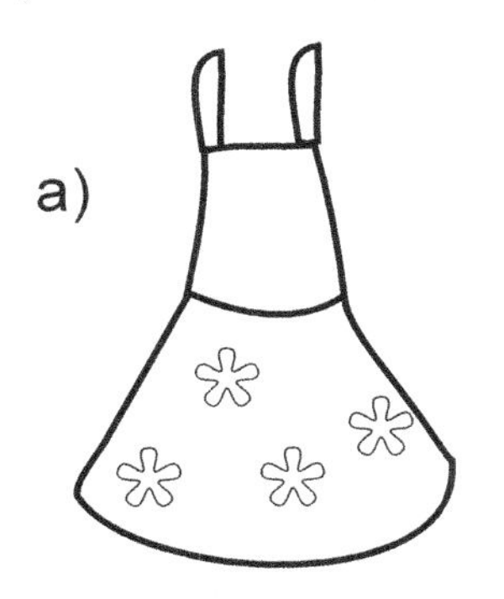

il vestito è rosso

b)

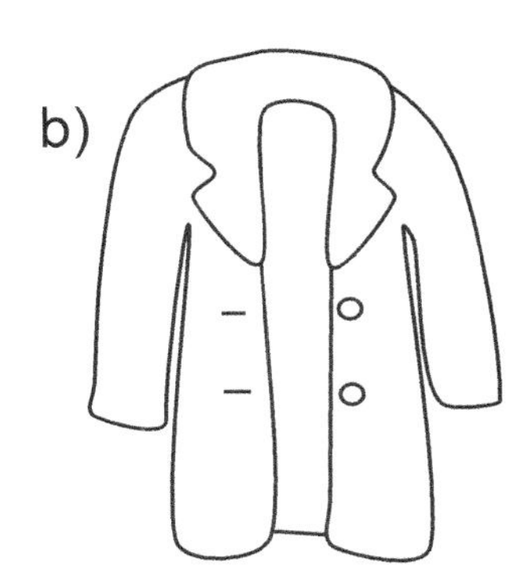

il capotto è nero

c)

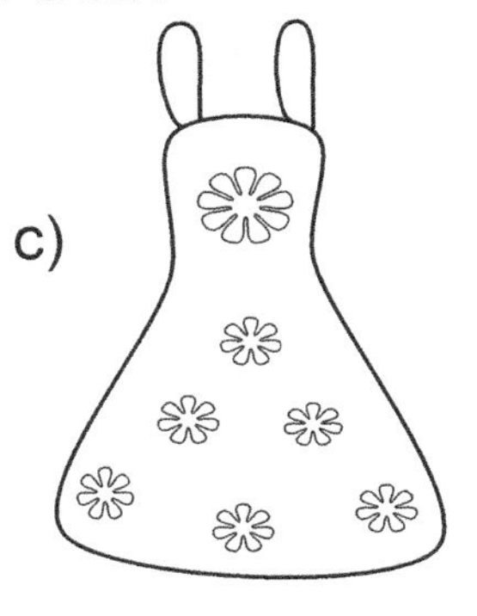

il vestito è rosa

d)

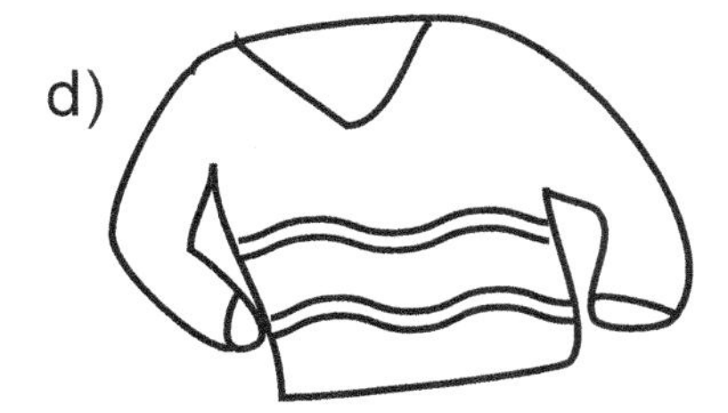

il maglione è verde

e)

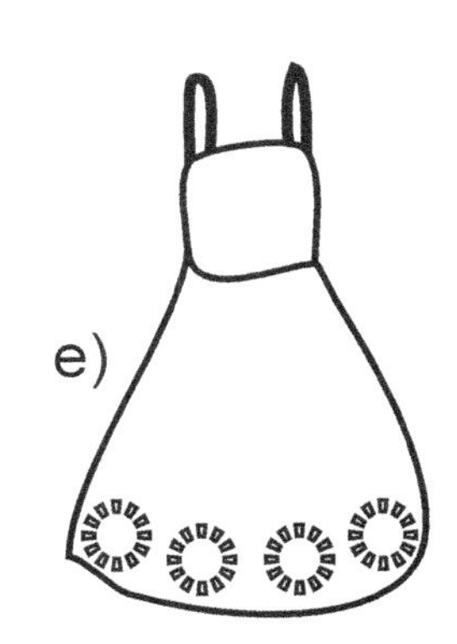

il vestito è porpora

f)

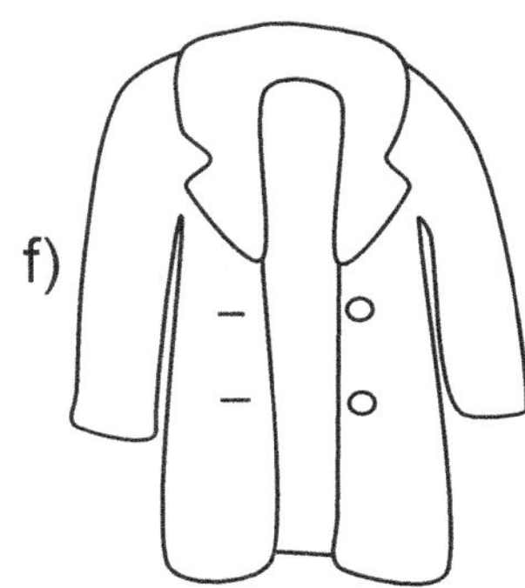

il capotto è marrone

g)

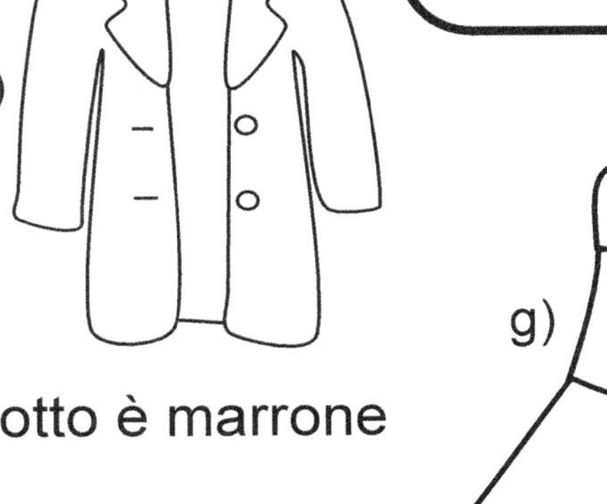

il vestito è arancione

h)

il maglione è giallo

i)

il maglione è blu

j)

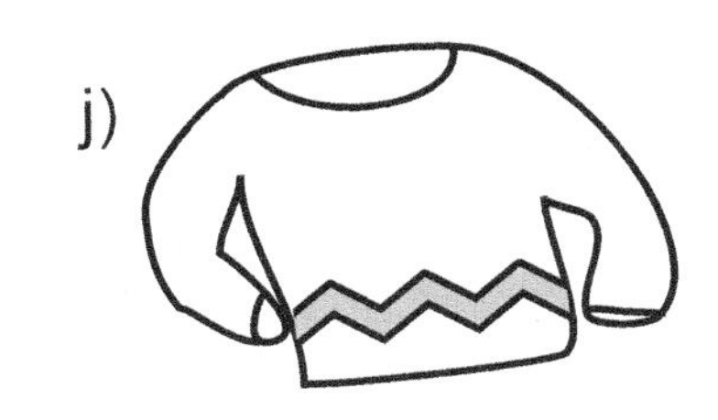

il maglione è grigio

**For words starting with il (masculine words) the ending of the colour doesn't change.**

# Che colori sono i vestiti?

(What colour are the clothes?)

Colora i vestiti usando i colori corretti:

(Colour the clothes using the correct colours:)

a) 

La maglietta è rossa.

b) 

La maglietta è blu.

c) 

La maglietta è porpora.

d) 

La maglietta è gialla.

e) 

La maglietta è verde.

f)

La maglietta è arancione.

g) 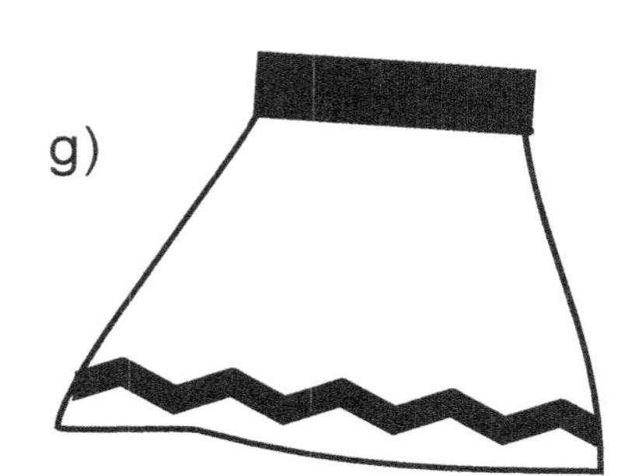

La gonna è nera.

h) 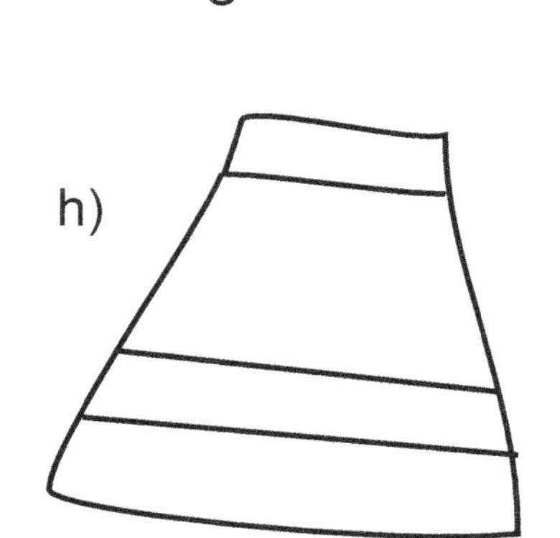

La gonna è grigia.

i) 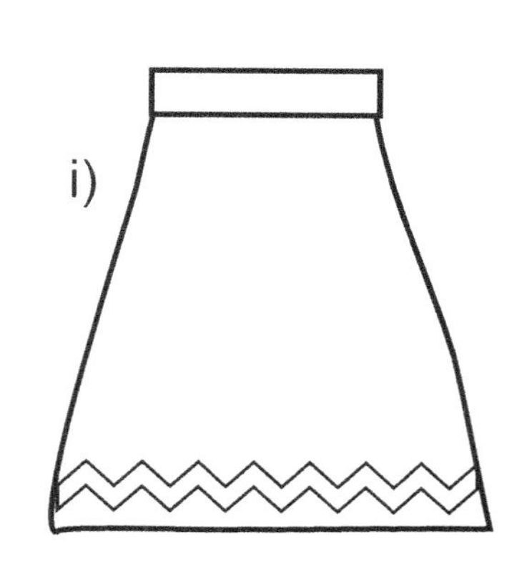

La gonna è bianca.

For words that begin with **la** (feminine words) the endings on the following colours stay the same:

| | | |
|---|---|---|
| blu (blue) | verde (green) | arancione (orange) |
| porpora (purple) | rosa (pink) | marrone (brown) |

But the colours with an o ending change the **o** to an **a** :

gialla (yellow) rossa (red) bianca (white) grigia (grey) nera (black)

# Quanti ce ne sono?

(How many are there?)

1 = uno
2 = due
3 = tre
4 = quattro
5 = cinque
6 = sei
7 = sette
8 = otto
9 = nove
10 = dieci

a)

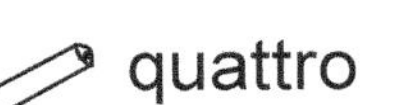

quattro

__________ magliett**e**

b)

__________ vestit**i**

c)

__________ maglion**i**

d)

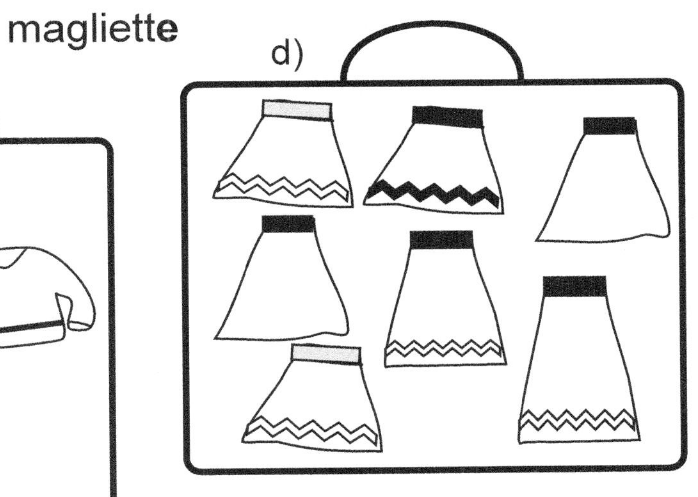

__________ gonn**e**

e)

__________ cappott**i**

## Come si dice quanto segue in italiano?

(How do you say the following in Italian?)

f) ten jumpers ____________________

g) eight skirts ____________________

h) nine t-shirts ____________________

i) seven dresses ____________________

j) four coats ____________________

Notice when there is more than one of each item, the endings of the words change:

Last **a** changes to **e**
e.g. maglietta > magliette

Last **o** changes to **i**
e.g. vestito > vestiti

# i vestiti

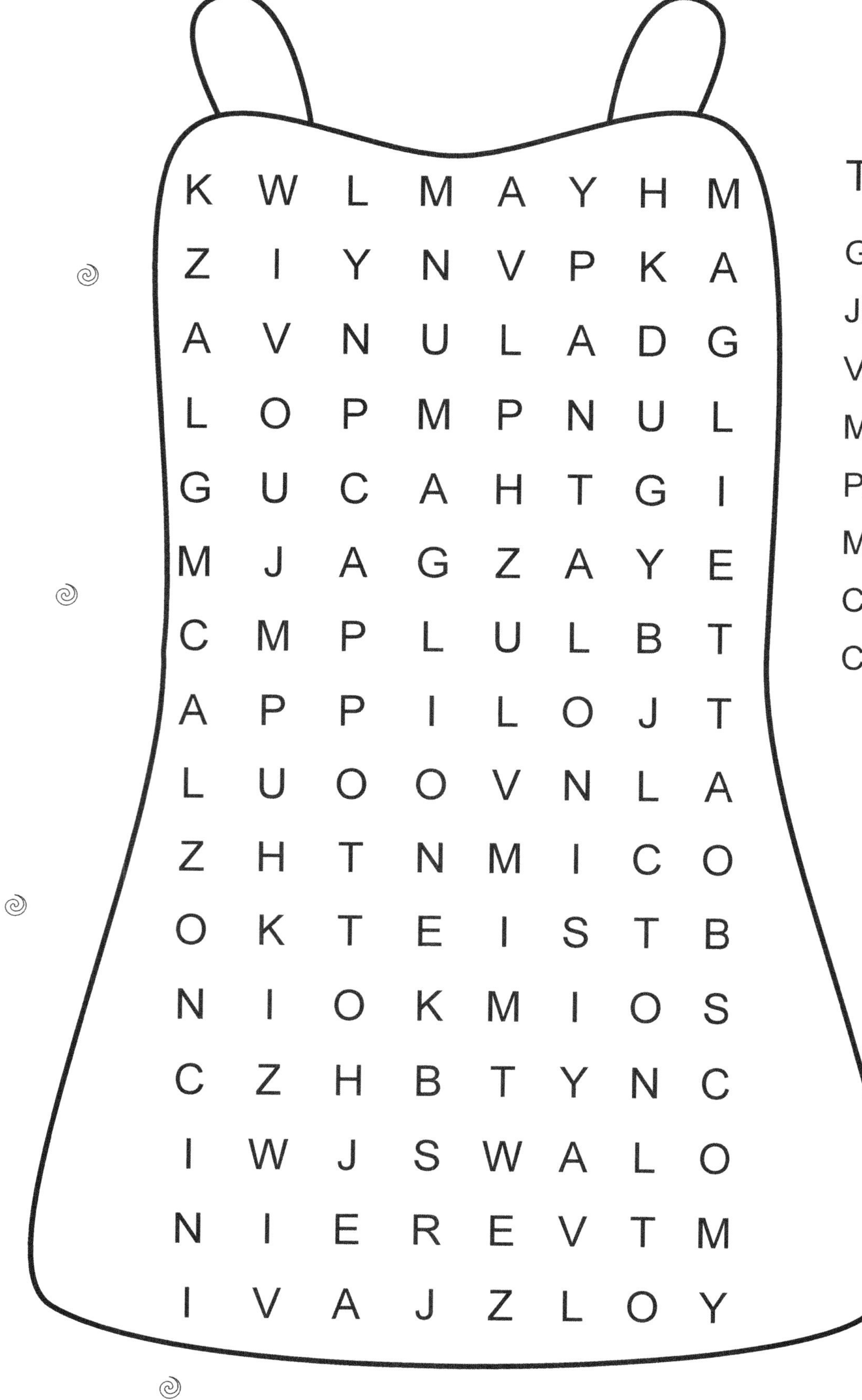


Trova : (find:)

GONNA
JEANS
VESTITO
MAGLIONE
PANTALONI
MAGLIETTA
CAPPOTTO
CALZONCINI

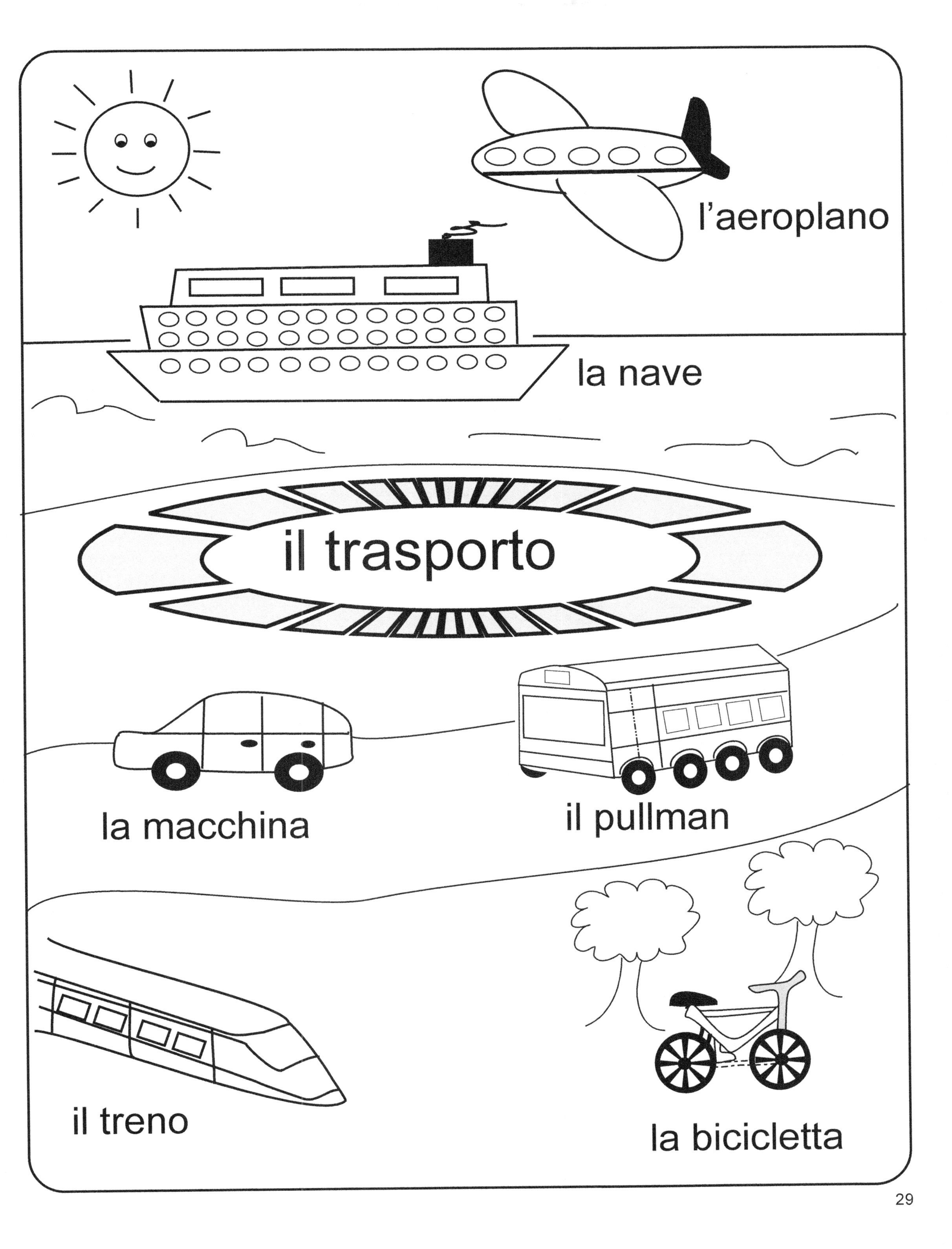
l'aeroplano
la nave
il trasporto
la macchina
il pullman
il treno
la bicicletta

# il trasporto (transport)

## 1) Scrivi in italiano le parole corrette sotto i disegni:

(Write the correct Italian word under each picture:)

| l'aeroplano | il treno | il pullman | la bicicletta | la nave | la macchina |
|---|---|---|---|---|---|

a)

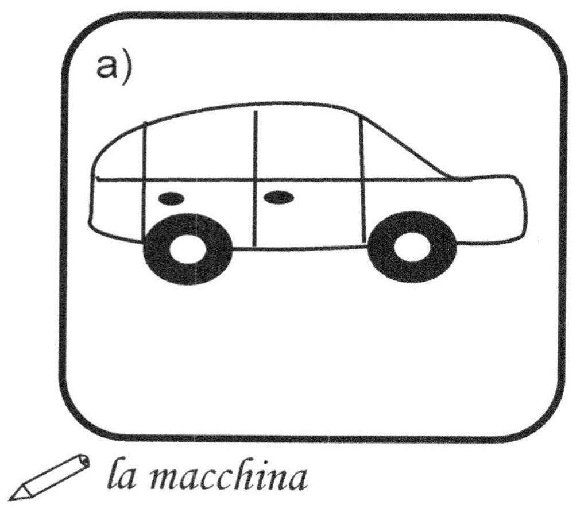

*la macchina*

b)

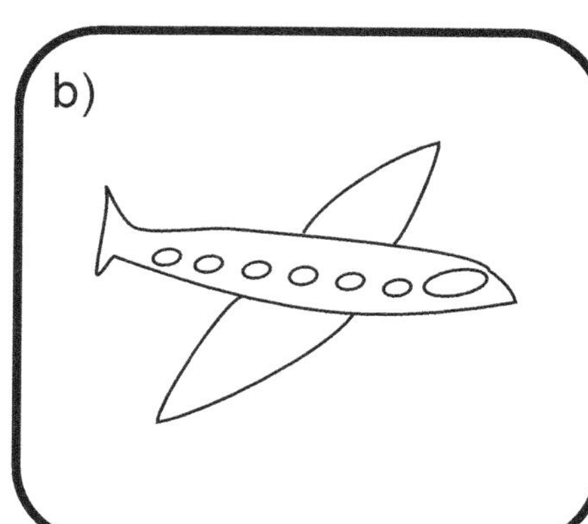

c)

d)

e)

f)

## 2) Riordina le lettere per trovare le parole:

(Reorder the letters to find the word) *la macchina*

a) a c h m n a c i ______

b) a v n e ______

c) a l m u p l n ______

d) n r o t e ______

# Quanti ce ne sono? (How many are there?)

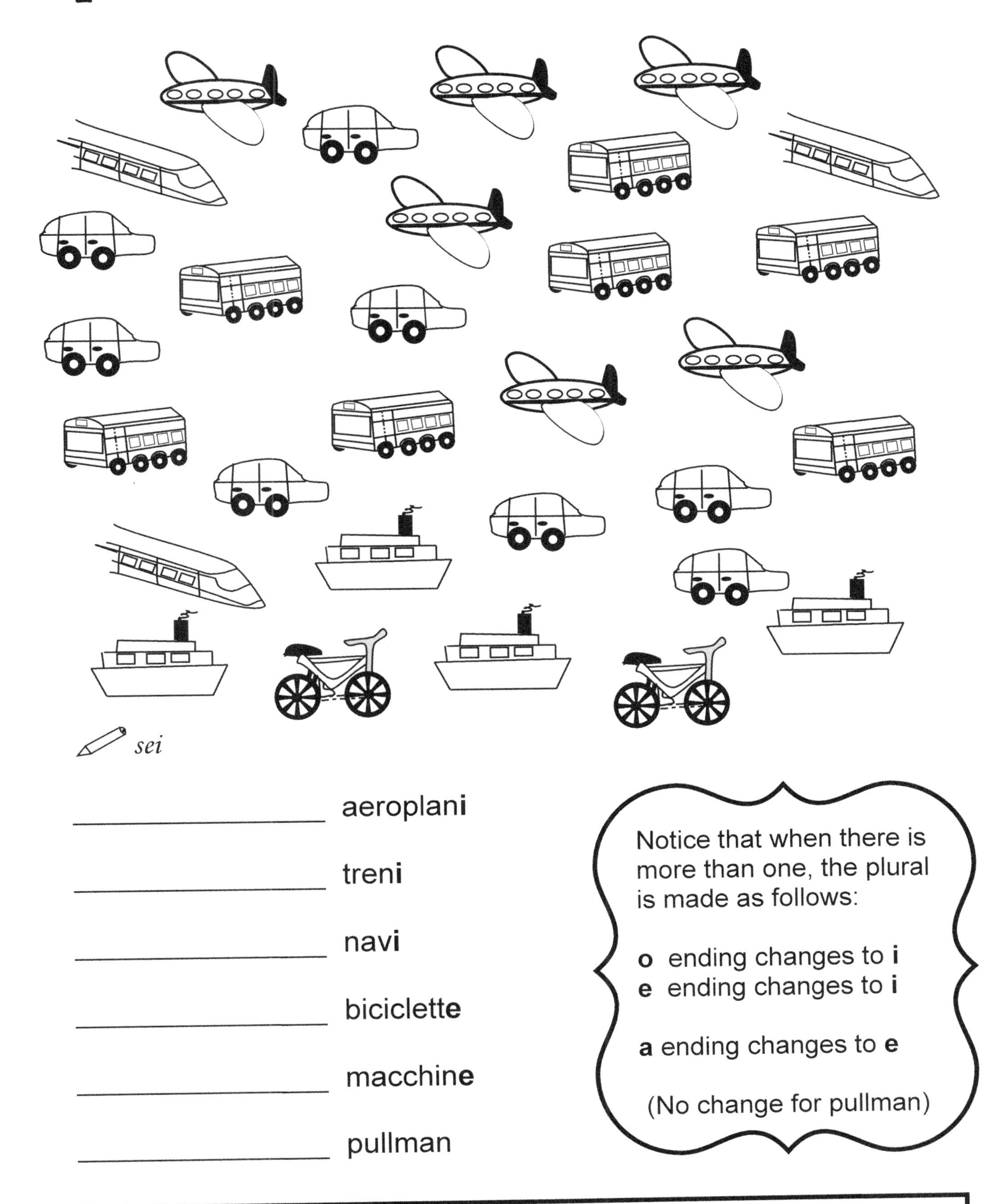

*sei*

_________________ aeroplan**i**

_________________ tren**i**

_________________ nav**i**

_________________ biciclett**e**

_________________ macchin**e**

_________________ pullman

Notice that when there is more than one, the plural is made as follows:

**o** ending changes to **i**
**e** ending changes to **i**

**a** ending changes to **e**

(No change for pullman)

| 1 = uno | 2 = due | 3 = tre | 4 = quattro | 5 = cinque | 6 = sei | 7 = sette | 8 =otto |
|---|---|---|---|---|---|---|---|

# Che colori sono? (What colour are they?)

Colora i disegni usando i colori corretti:
(Colour the pictures using the correct colours.)

Il pullman è giallo.

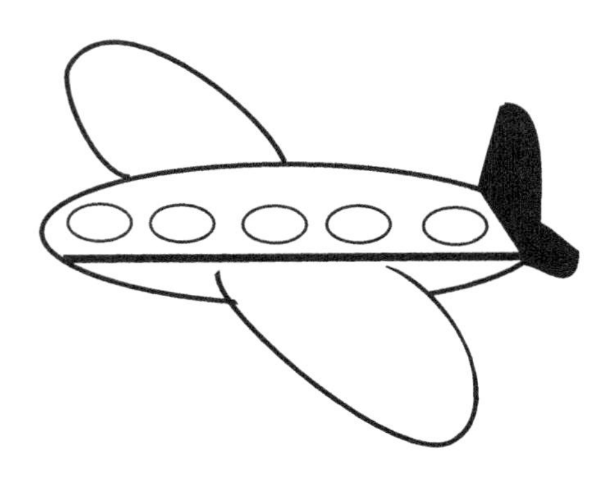

L'aeroplano è arancione.

La macchina è nera.

La bicicletta è grigia.

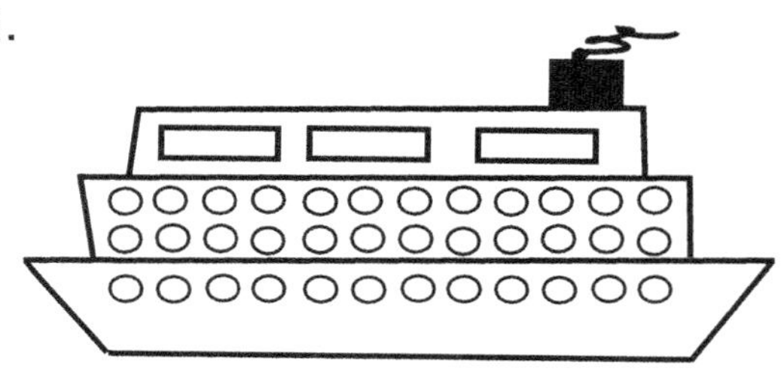

La nave è bianca.

Il treno è rosso.

giallo - yellow arancione - orange nero - black

grigio - grey bianco - white rosso - red

Notice how the **o** endings on the colours change to an **a** for the words which start with la (feminine words).

# Come viaggiono le persone?

(How are the people travelling?)

## Segui le linee. Scrivi le frasi in italiano:

(Follow the lines. Write the sentences in Italian:)

**vado in = I go by**

**vado in treno = I go by train**

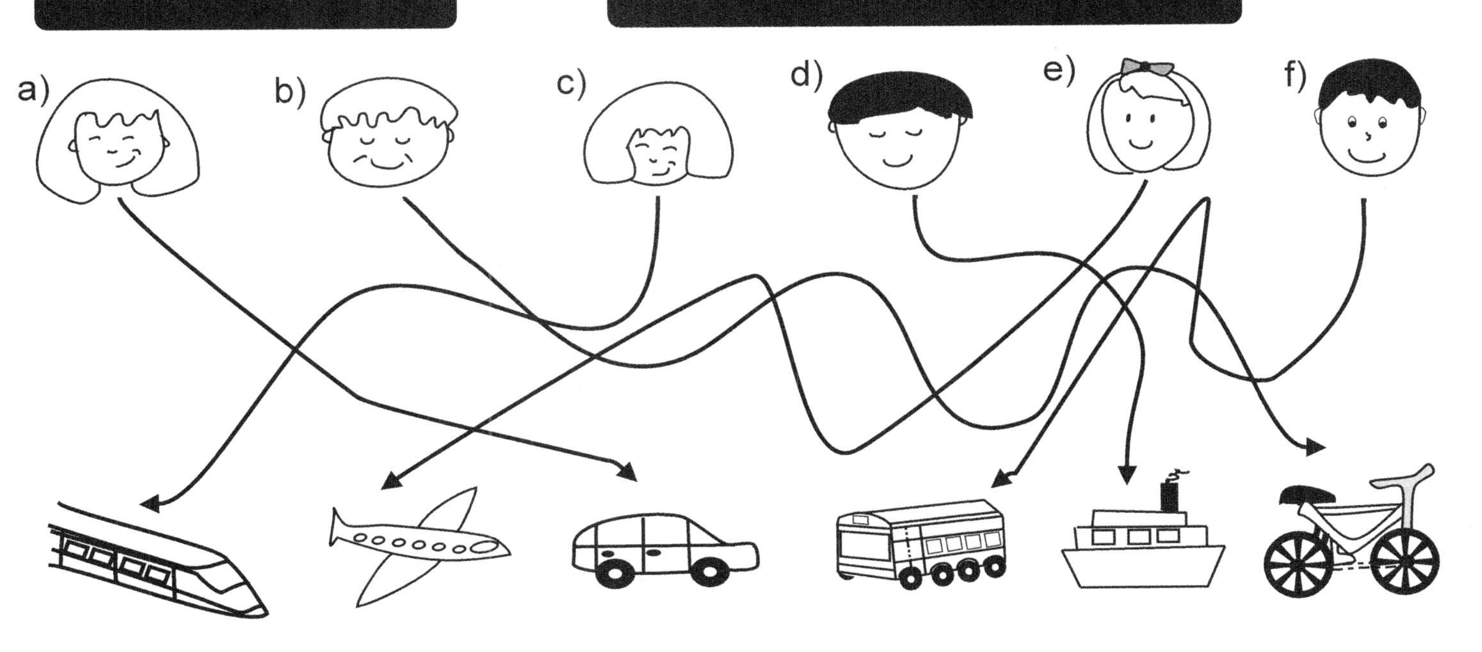


*Vado in macchina.*

a) ______________________________ .

b) ______________________________ .

c) ______________________________ .

d) ______________________________ .

e) ______________________________ .

f) ______________________________ .

---

Vado in treno - I go by train

Vado in macchina - I go by car

Vado in pullman - I go by bus

Vado in nave - I go by boat

Vado in bicicletta - I go by bike

Vado in aeroplano - I go by plane

# il trasporto

Trova queste parole: (Find these words:)

TRENO
NAVE
PULLMAN
TRASPORTO
MACCHINA
BICICLETTA
AEROPLANO

| | | | | | | | | | | | | | |
|---|---|---|---|---|---|---|---|---|---|---|---|---|---|
| R | A | E | R | O | P | L | A | N | O | U | N | B | M |
| S | U | R | J | B | F | G | P | W | E | C | S | H | A |
| P | C | B | I | C | I | C | L | E | T | T | A | V | C |
| U | N | R | E | O | D | I | W | V | W | E | D | Y | C |
| L | G | M | D | S | F | P | Y | J | V | F | U | P | H |
| L | U | A | R | I | O | E | L | A | Z | R | P | J | I |
| M | V | R | S | N | D | H | N | W | Y | A | V | H | N |
| A | K | S | E | P | U | C | H | L | U | K | E | L | A |
| N | U | R | N | T | R | A | S | P | O | R | T | O | K |
| Z | T | F | C | J | F | O | Z | V | J | L | H | Y | I |

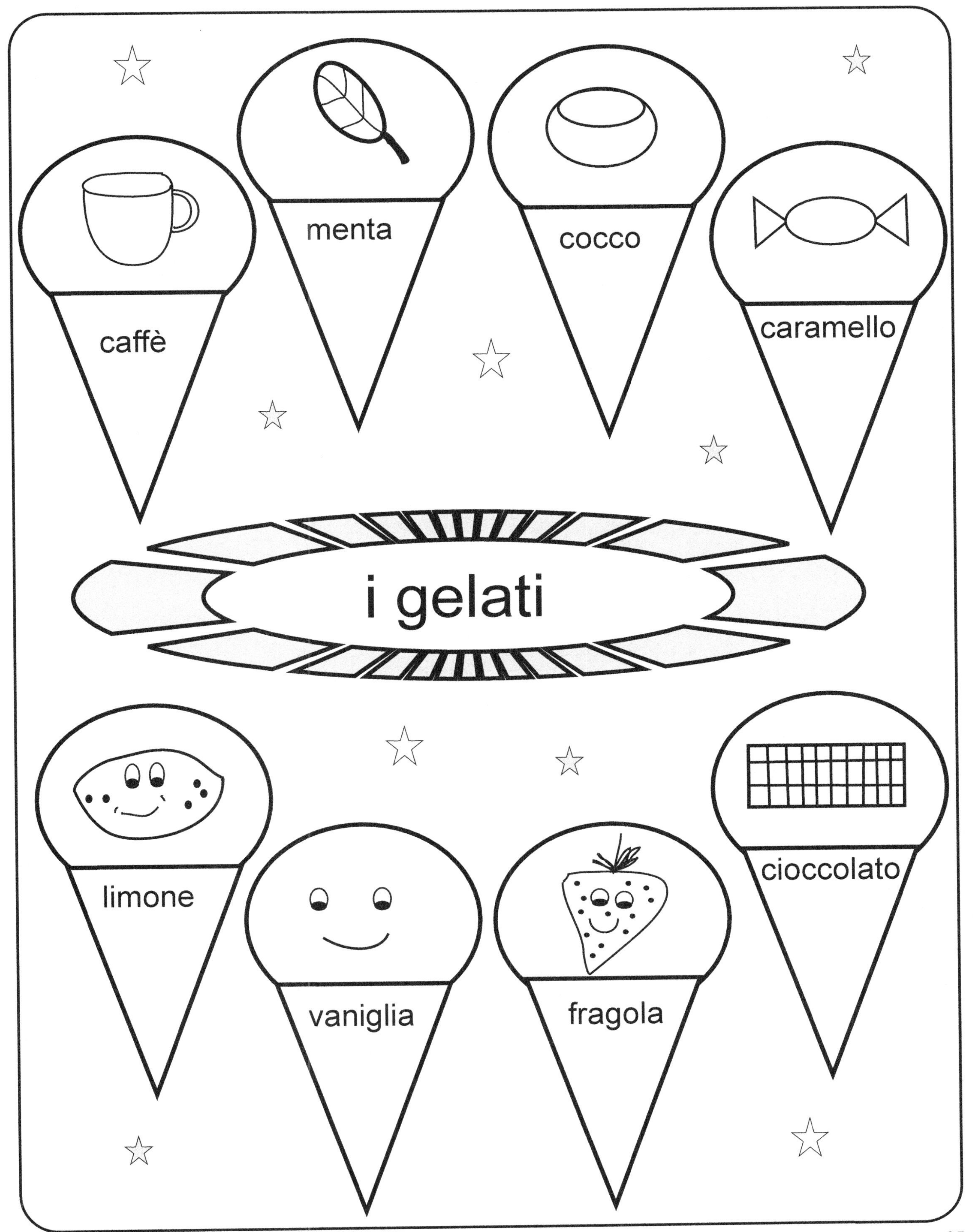
menta
cocco
caffè
caramello
i gelati
limone
cioccolato
vaniglia
fragola

# i gelati (icecreams)

Copia i disegni e le parole in italiano:
(Copy the pictures and the Italian words:)

# Dì che colori sono i gelati?

(What colour are the ice creams?)

Leggi le frasi e colora i gelati usando i colori corretti:
(Read the sentences and colour the ice creams using the correct colours:)

*bianco*

Il gelato alla fragola è rosso.

Il gelato al caramello è marrone.

Il gelato alla vaniglia è giallo.

Il gelato al caffè è marrone.

Il gelato al cocco è ________________ .

Il gelato alla menta è ________________ .

Il gelato al cioccolato è ________________ .

Il gelato al limone è ________________ .

rosso = red    marrone = brown    giallo = yellow    verde = green    bianco = white

# Vorrei un gelato, per favore

(I'd like an ice cream, please)

Vorrei un gelato alla menta, per favore.

María

Vorrei un gelato alla fragola, per favore.

Anna

Vorrei un gelato al cioccolato, per favore.

Marco

Vorrei un gelato alla vaniglia, per favore.

Roberto

Vorrei un gelato al caramello, per favore.

Elena

## Rispondi alle domande: (Answer the questions:) *Elena*

1) Who would like a caramel flavoured ice cream? ____________

2) Who would like a mint flavoured ice cream? ____________

3) Which ice cream flavour would Anna like? ____________

4) Which ice cream flavour would Marco like? ____________

5) Which ice cream flavour would Roberto like? ____________

vaniglia - vanilla

fragola - strawberry

cioccolato - chocolate

menta - mint

caramello - caramel

# Cosa desidera? (What would you like?)

Usando la frase **vorrei un gelato ___ ______ per favore,** chiedi questi gelati: (Using the phrase **vorrei un gelato ___ ______** **per favore,** ask for these ice creams:)

1) vanilla

*Vorrei un gelato alla vaniglia*

______ ___ ______ ___ ______ ,

*per favore.*

______ ______ .

2) strawberry

______ ___ ______ ___ ______ ,

______ ______ .

3) mint

______ ___ ______ ___ ______ ,

______ ______ .

4) chocolate

______ ___ ______ ___ ______ ,

______ ______ .

5) coffee

______ ___ ______ ___ ______ ,

______ ______ .

6) caramel

______ ___ ______ ___ ______ ,

______ ______ .

7) lemon

______ ___ ______ ___ ______ ,

______ ______ .

alla vaniglia    alla fragola    alla menta

al cocco    al limone    al caffè
al cioccolato    al caramello

# i gelati

N B O A W Z K N

C A R A M E L O H R

N G R T Y H P F U J O V

B F S L I M O N E P C N M A

J R D V K G W K M C O R I O

Y A B M I E K H O J W L G D

E G L E B L K C N A G D M É

K O S N R A Z H U I A P F U

H L N T F T L I N V F F P S

I A M A L O P A M Z A Y D R

R J H U K I V I W C Y M U B

K C I O C C O L A T O Z

Trova: (Find:)

GELATO MENTA COCCO FRAGOLA CAFFÈ LIMONE

VANIGLIA CIOCCOLATO CARAMELO

| | Italian | | English |
|---|---|---|---|
| l' | aeroplano | the | plane |
| l' | arancia | the | orange (fruit) |
| | arancione | | orange (colour) |
| | arrivederci | | good bye |
| la | banana | the | banana |
| | bianco / bianca | | white |
| la | bicicletta | the | bike |
| | blu | | blue |
| | Buon giorno | | Good day |
| | caffè | | coffee |
| il | calcio | | football |
| i | calzoncini | the | shorts |
| il | cappotto | the | coat |
| | caramello | | caramel |
| un | chilo | a | kilo |
| | cioccolato | | chocolate |
| | cliente | | customer |
| | cocco | | coco nut |
| | commesso | | assistant |
| | Cosa desidera? | | What do you want? |
| | Cos'altro? | | Anything else? |
| | costa | | it costs |
| | costano | | they cost |
| | diciannove | | nineteen |
| | diciassette | | seventeen |
| | diciotto | | eighteen |
| | dodici | | twelve |
| | domenica | | Sunday |
| | è | | is |
| | E per finire | | Finally |
| la | fragola | the | strawberry |
| la | frutta | the | fruits |
| un | gelato | an | ice cream |
| | giallo / gialla | | yellow |
| il | giorno | the | day |
| | giovedì | | Thursday |
| la | gonna | the | skirt |
| | grazie | | thank you |
| | grigio / grigia | | grey |
| i | jeans | the | jeans |
| il | limone | the | lemon |
| | lunedì | | Monday |
| la | macchina | the | car |
| la | maglietta | the | t-shirt |
| il | maglione | the | jumper |
| | marrone | | brown |

| | Italian | | English |
|---|---|---|---|
| | martedì | | Tuesday |
| la | mela | the | apple |
| il | melone | the | melon |
| | menta | | mint |
| | mercoledì | | Wednesday |
| | mezzo | | half |
| | mi piacciono | | I like (+ word in plural) |
| | mi piace | | I like (+ word in singular) |
| il | mini-golf | | mini-golf |
| la | nave | the | boat |
| | nero / nera | | black |
| | non mi piacciono | | I don't like (+ word in plural) |
| | non mi piace | | I don't like (+ word in singular |
| i | numeri | the | numbers |
| il | nuoto | | swimming |
| la | pallacanestro | | basket ball |
| i | pantaloni | the | trousers |
| | per favore | | please |
| la | pera | the | pear |
| le | persone | the | people |
| il | ping-pong | | ping-pong |
| | porpora | | purple |
| il | pullman | the | bus |
| | Quan'è? | | How much for everything? |
| | quattordici | | fourteen |
| | quindici | | fifteen |
| | rosa | | pink |
| | rosso / rossa | | red |
| il | rugby | | rugby |
| | sabato | | Saturday |
| | sedici | | sixteen |
| | sono | | are |
| lo | sport | | sport |
| il | tennis | | tennis |
| il | trasporto | the | transport |
| | tredici | | thirteen |
| il | treno | the | train |
| | undici | | eleven |
| | vaniglia | | vanilla |
| | veneredì | | Friday |
| | venti | | twenty |
| | verde | | green |
| i | vestiti | the | clothes |
| il | vestito | the | dress |
| il | volano | | badminton |
| | vorrei | | I would like |

# Answers

## Page 2

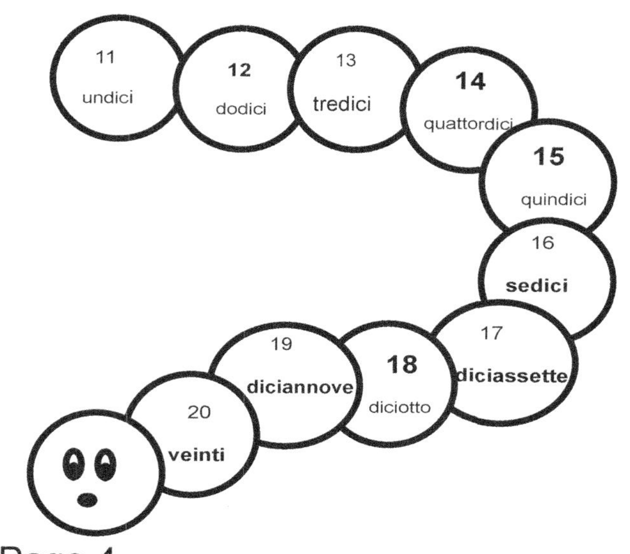


## Page 3

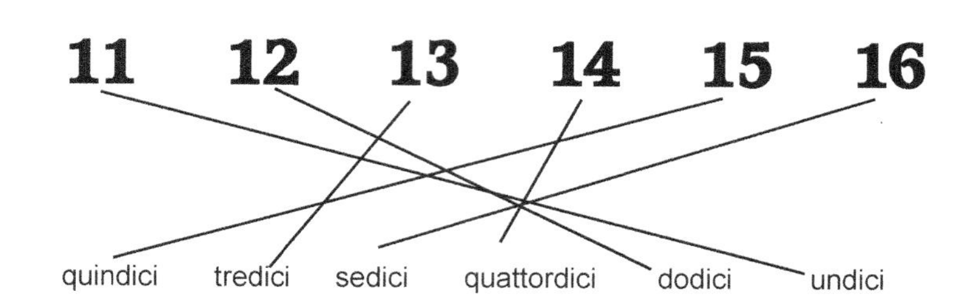


## Page 4

1a) quindici b) venti c) sedici d) dodici e) quattordici f) diciassette

2a) diciannove b) undici c) tredici d) diciassette

## **Page 5**

| D | I | C | I | A | S | S | E | T | T | E | | | | D |
|---|---|---|---|---|---|---|---|---|---|---|---|---|---|---|
| | Q | U | A | T | T | O | R | D | I | C | I | | | I |
| D | | | | | | I | | | | I | | D | | C |
| O | | | | | C | | I | | C | | | I | | I |
| D | | | | I | | C | | I | | I | | C | | A |
| I | | | D | | I | | D | | C | | I | I | | N |
| C | | N | | D | | N | | E | | T | | O | | N |
| I | U | | E | | I | | D | | N | | | T | | O |
| | | R | | U | | E | | E | | | | T | | V |
| | T | | Q | | S | | v | | | | | O | | E |

## Page 7

a) il calcio b) il tennis c) il nuoto d) il mini-golf
e) il rugby f) la pallacanestro g) il ping-pong h) il volano

## Page 8

1) il calcio 2) il nuoto 3) il tennis 4) il ping-pong
5) la pallacanestro 6) il mini-golf 7) il rugby 8) il volano

## Page 9

1) Sì  2) Sì  3) Sì  4) No  5) Sì  6) No  7)Sì  8) No

## Page 10

If you like the sport write:
1) Mi piace il tennis.
2) mi piace il nuoto.
3) Mi piace il calcio.
4) Mi piace il rugby.
5) Mi piace il ping-pong.
6) Mi piace il mini-golf.
7) Mi piace la pallacanestro.

If you don't like the sport write:
Non mi piace il tennis.
Non mi piace il nuoto.
Non mi piace il calcio.
Non mi piace il rugby.
Non mi piace il ping-pong.
Non mi piace il mini-golf.
Non mi piace la pallacanestro.

## Page 11

1) Sunday  2) Monday  3) Wednesday  4) Friday  5) Thursday
6) Tuesday  7) Saturday

## Page 12

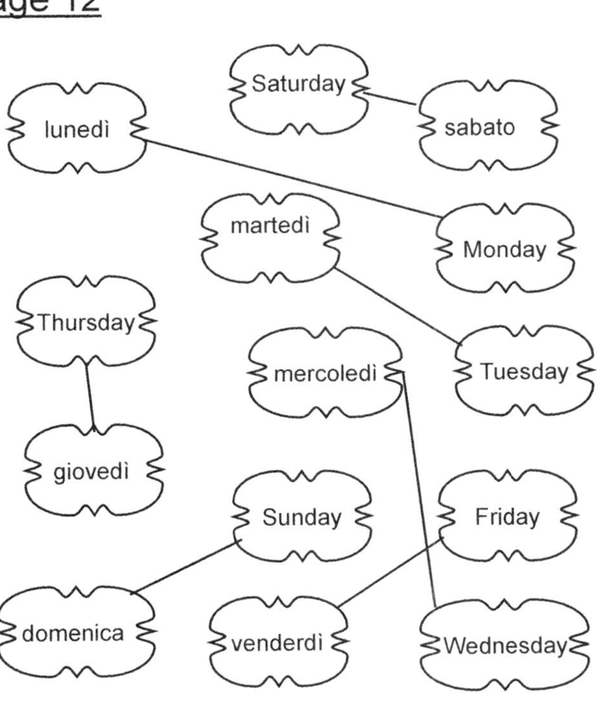


## Page 13

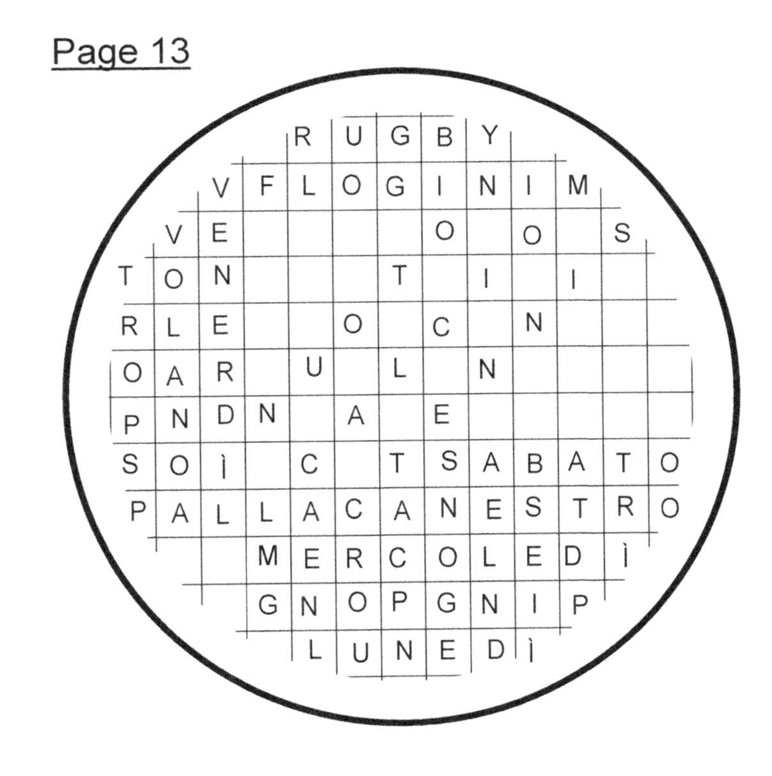


## Page 15

1) il melone  2) la fragola  3) la banana  4) la mela  5) la pera  6) il limone  7) l'arancia

## Page 16

a) il limone  b) l'arancia  c) la pera  d) la mela  e) la banana  f) la fragola

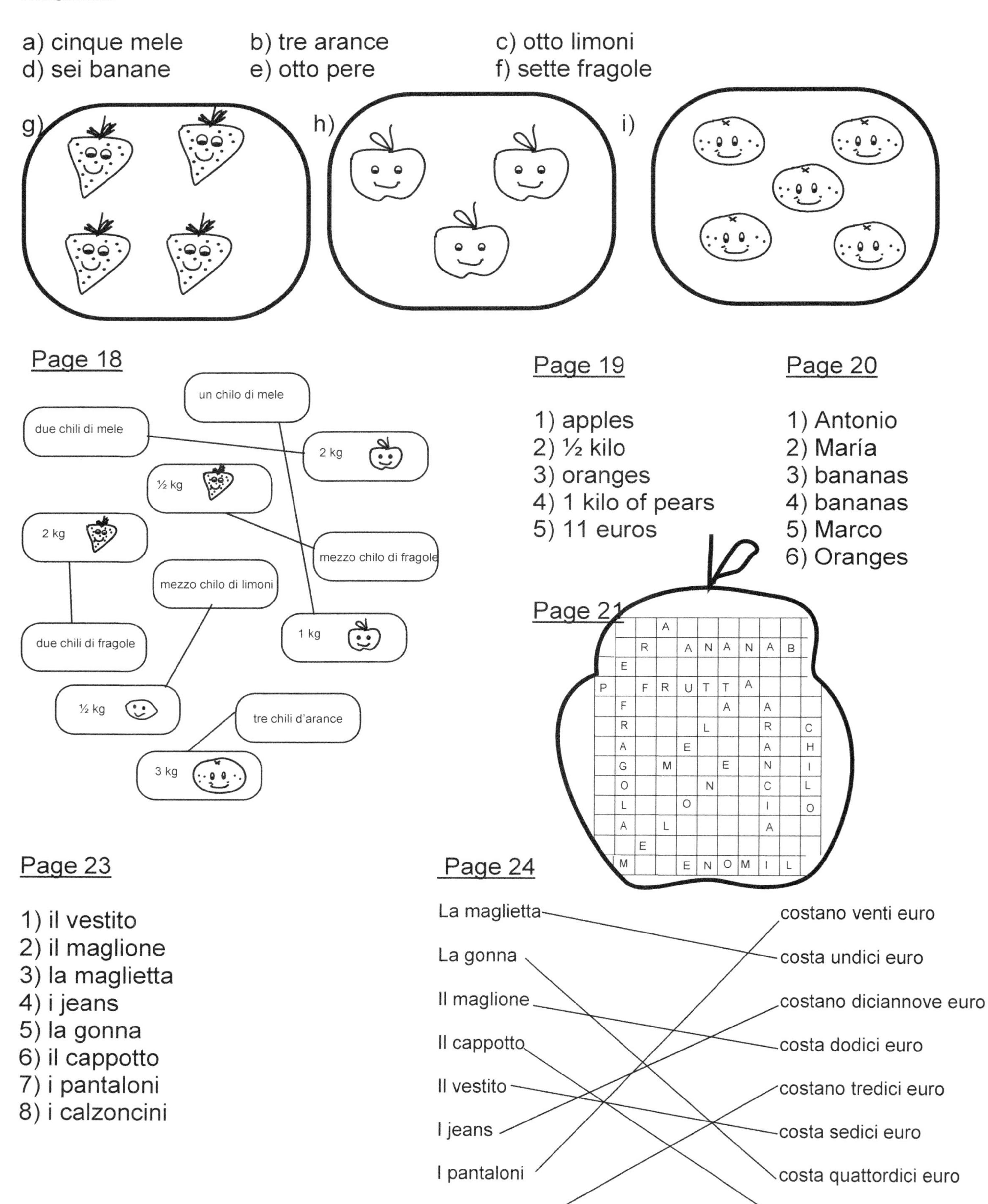

## Page 17

a) cinque mele
b) tre arance
c) otto limoni
d) sei banane
e) otto pere
f) sette fragole

g)

h)

i)

## Page 18



## Page 19

1) apples
2) ½ kilo
3) oranges
4) 1 kilo of pears
5) 11 euros

## Page 20

1) Antonio
2) María
3) bananas
4) bananas
5) Marco
6) Oranges

## Page 21

## Page 23

1) il vestito
2) il maglione
3) la maglietta
4) i jeans
5) la gonna
6) il cappotto
7) i pantaloni
8) i calzoncini

## Page 24

## Page 25

a) The dress is red.
b) The coat is black.
c) The dress is pink.
d) The jumper is green.
e) The dress is purple.
f) The coat is brown.
g) The dress is orange.
h) The jumper is yellow
i ) The jumper is blue.
j) The jumper is grey.

## Page 26

a) The t-shirt is red.
b) The t-shirt is blue.
c) The t-shirt is purple.
d) The t-shirt is yellow.
e) The t-shirt is green.
f) The t-shirt is orange.
g) The skirt is black.
h) The skirt is grey.
i) The skirt is white.

## Page 27

a) quattro magliette
b) cinque vestiti
c) tre maglioni
d) sette gonne
e) sei cappotti
f) dieci maglioni
g) otto gonne
h) nove magliette
i) sette vestiti
j) quattro cappotti

## Page 28

| | | | | A | | | M |
|---|---|---|---|---|---|---|---|
| | | | N | | P | | A |
| | | N | | | A | | G |
| | O | | M | | N | | L |
| G | | C | A | | T | | I |
| | | A | G | | A | | E |
| C | | P | L | | L | | T |
| A | | P | I | | O | | T |
| L | | O | O | | N | | A |
| Z | | T | N | | I | | O |
| O | | T | E | | | T | |
| N | | O | | | I | | S |
| C | | | | T | | N | |
| I | | | S | | A | | |
| N | | E | | E | | | |
| I | V | | J | | | | |

## Page 30

1a) la macchina
b) l'aeroplano
c) la nave
d) la bicicletta
e) il pullman
f) il treno

2a) macchina
b) nave
c) pullman
d) treno

## Page 31

sei aeroplani
due biciclette
tre treni
otto macchine
quattro navi
sette pullman

## Page 32

The bus is yellow.
The bike is grey.
The plane is orange.
The boat is white.
The car is black.
The train is red.

Page 33

a) Vado in macchina.
b) Vado in bicicletta.
c) Vado in treno.
d) Vado in nave.
d) Vado in aeroplano.
e) Vado in pullman.

Page 34

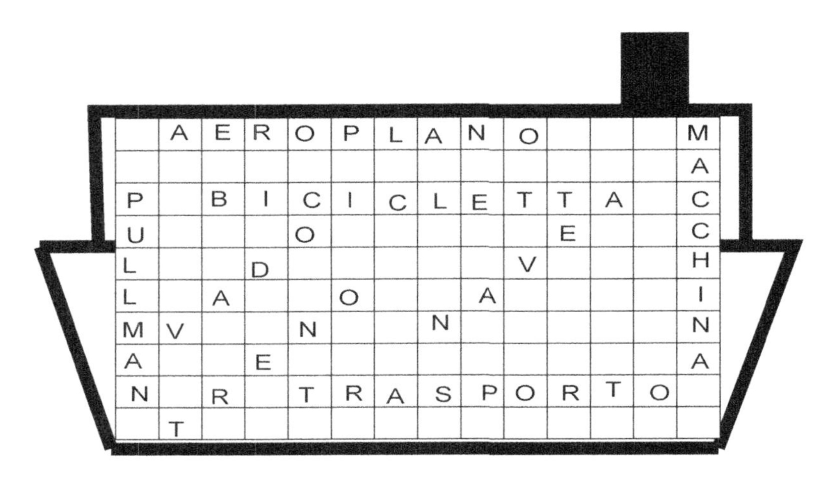


Page 37

Il gelato al cocco è limone.
Il gelato alla menta è verde.
Il gelato al cioccolato è marrone.
Il gelato al limone è giallo.

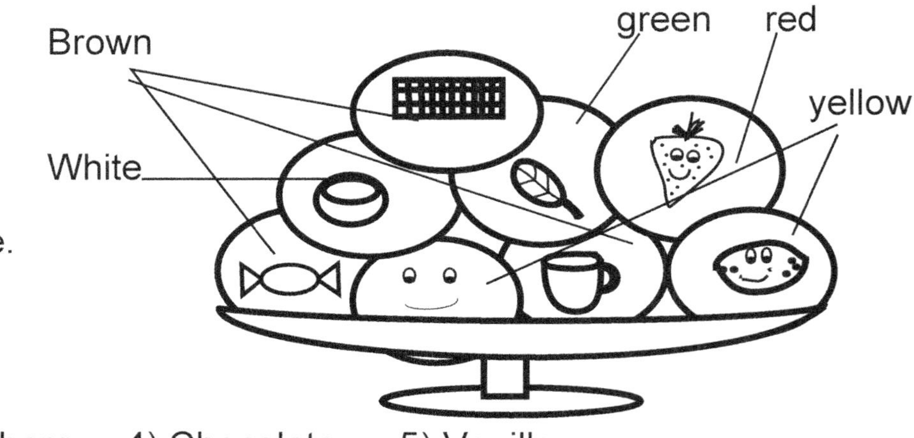


Page 38

1) Elena 2) María 3) Strawberry 4) Chocolate 5) Vanilla

Page 39

1) Vorrei un gelato alla vaniglia, per favore.
2) Vorrei un gelato alla fragola, per favore.
3) Vorrei un gelato alla menta, per favore.
4) Vorrei un gelato al cioccolato, per favore.
5) Vorrei un gelato al caffè, per favore.
6) Vorrei un gelato al caramello, per favore.
7) Vorrei un gelato al limone, per favore.

Page 40

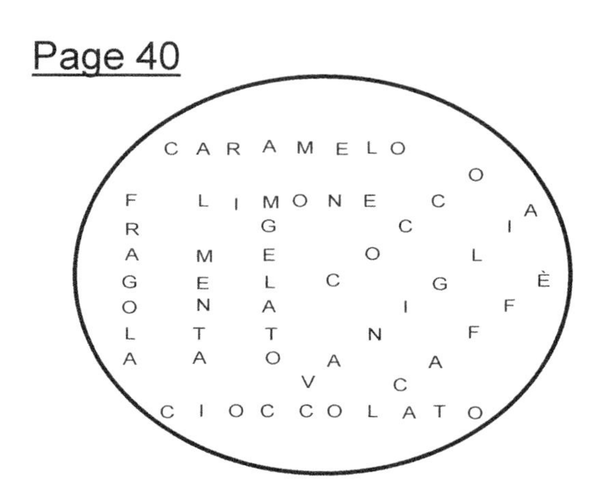

**For children aged 7 - 11 there are the following books by Joanne Leyland:**

**Italian**
Cool Kids Speak Italian (books 1, 2 & 3)
On Holiday In Italy Cool Kids Speak Italian
Photocopiable Games For Teaching Italian
Stories: Un Alieno Sulla Terra, La Scimmia Che Cambia Colore, Hai Un Animale Domestico?

**French**
Cool Kids Speak French (books 1 & 2)
Cool Kids Speak French - Special Christmas Edition
On Holiday In France Cool Kids Speak French
Photocopiable Games For Teaching French
Cool Kids Do Maths In French
Stories: Un Alien Sur La Terre, Le Singe Qui Change De Couleur, Tu As Un Animal?

**Spanish**
Cool Kids Speak Spanish (books 1, 2 & 3)
Cool Kids Speak Spanish - Special Christmas Edition
On Holiday In Spain Cool Kids Speak Spanish
Photocopiable Games For Teaching Spanish
Cool Kids Do Maths In Spanish
Stories: Un Extraterrestre En La Tierra, El Mono Que Cambia De Color, Seis Mascotas Maravillosas

**German**
Cool Kids Speak German books 1, 2 & 3

**English as a foreign language**
Cool Kids Speak English books 1 & 2

---

**For children aged 5 - 7 there are the following books by Joanne Leyland:**

**French**
Young Cool Kids Learn French
Sophie And The French Magician
Daniel And The French Robot (books 1, 2 & 3)
Daniel And The French Robot Teacher's Resource Book (coming soon)
Jack And The French Languasaurus (books 1, 2 & 3)

**German**
Young Cool Kids Learn German

**Spanish**
Young Cool Kids Learn Spanish
Sophie And The Spanish Magician
Daniel And The Spanish Robot (books 1, 2 & 3)
Daniel And The Spanish Robot Teacher's Resource Book (coming soon)
Jack And The Spanish Languasaurus (books 1, 2 & 3)

For more information on the books available, and different ways of learning a foreign language go to **www.foreignlanguagesforchildren.com**

Printed by Amazon Italia Logistica S.r.l.
Torrazza Piemonte (TO), Italy